Dr. med. Verena Breitenbach
Katarina Katić

Endlich gut drauf!

Das Buch ist Eva-Maria, Elisabeth,
Klaus und Markus Breitenbach gewidmet,
sowie der Familie Schuster, meinen wunderbaren Nachbarn.

Ein großer Dank geht an unsere Interviewpartner
Ariane Heck, Dr. Alexander Römmler und Dr. Ulrich Strunz.
Ein herzliches Dankeschön gebührt unserer Agentin
Lianne Kolf für ihren Einsatz und ihre Unterstützung.

Dr. med. Verena Breitenbach
Katarina Katić

Endlich gut drauf!

Serotonin: Wie Sie das Glückshormon auf natürliche Weise ankurbeln – für mehr Energie, Leichtigkeit und Lebensfreude

www.knaur-ratgeber.de

Inhalt

Dr. Verena Breitenbach

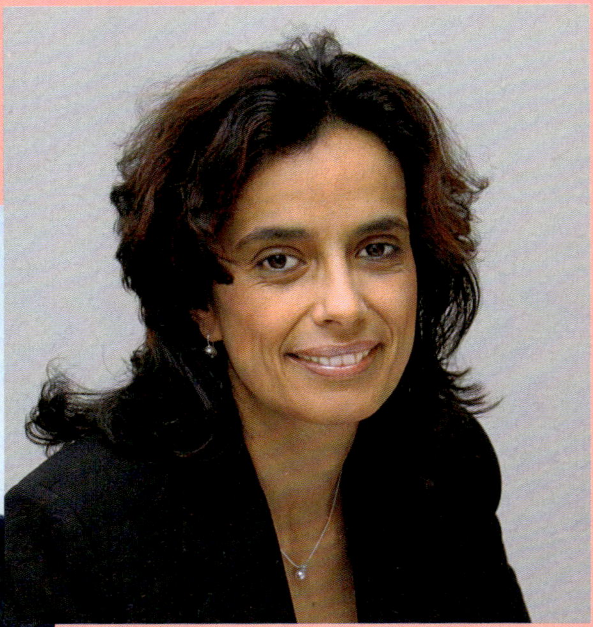

Katarina Katić

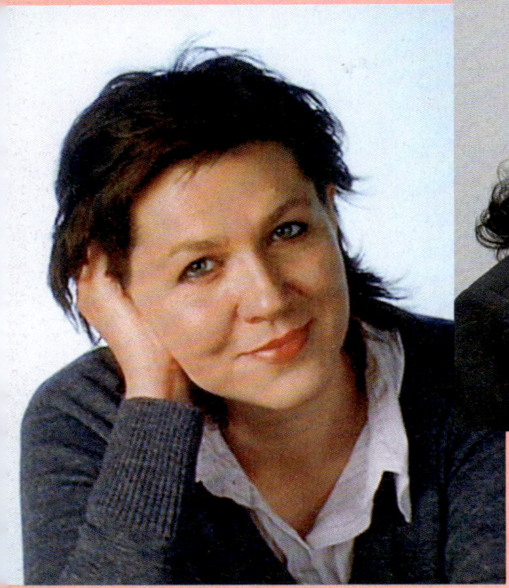

EIN WORT ZUVOR

Fühlen Sie sich manchmal niedergeschlagen, antriebslos, ängstlich oder grundlos aggressiv? Können Sie sich nur schwer konzentrieren? Leiden Sie an Migräne und Schlafstörungen? Benutzen Sie Essen regelmäßig als Seelentröster? Sind Sie vor der Periode extrem gereizt? Die Ursache für all diese Probleme kann Serotoninmangel sein. Dies haben neueste Untersuchungen ergeben. Das Hormon Serotonin – oft auch als »Glückshormon« bezeichnet – hat großen Einfluss auf unsere allgemeine Gefühlslage.
Dieses Buch kann Ihnen dabei helfen, Ihren Serotoninspiegel zu steigern und dadurch mehr Wohlbefinden zu schaffen. Dafür gibt es zahlreiche Möglichkeiten.

Jeder Mensch trägt das Potenzial in sich, ausgeglichen und fröhlich zu sein. Manchmal schlägt man in seinem Leben jedoch einen falschen Kurs ein und überfordert sich mit belastenden Dingen.

Das muss nicht sein! Sie können etwas dafür tun, damit Sie in Zukunft wieder jeden Moment Ihres Lebens genießen und jeden Tag als ein Geschenk betrachten. Ändern Sie den Kurs!
Dieses Buch soll Sie anregen und dabei unterstützen, Ihren Alltag leichter und fröhlicher zu machen. Wenn Sie unter schweren Depressionen oder anderen ernsthaften psychischen Erkrankungen leiden, sollten Sie jedoch einen Arzt aufsuchen.
Wir wünschen Ihnen viel Freude beim und nach dem Lesen!

Dr. Verena Breitenbach
Katarina Katić

SEROTONIN & CO.: DIE STIMMUNGS-MACHER

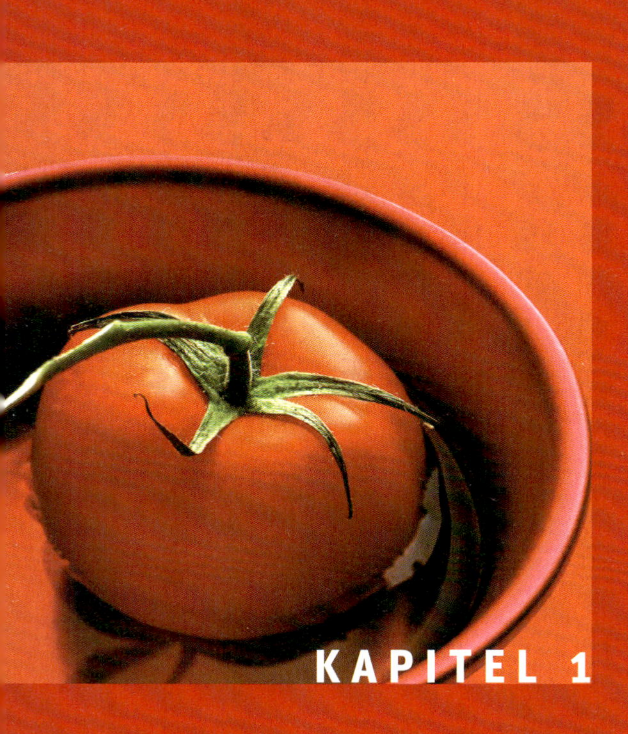

KAPITEL 1

Haben Sie gerade gute Laune? Wo Ihr **Stimmungsbarometer** steht, ist das Ergebnis der **Stoffwechselaktivität** von Milliarden von Hirnzellen. Was diese untereinander **austauschen**, bestimmt über unser seelisches Befinden.

Manager der guten Laune

Alles, was wir zu unserem **Glück** brauchen, steht uns schon zur Verfügung. **Im Gehirn:** winzige Moleküle, die uns **bei Laune** halten und tagtäglich aufs Neue **Freude**, **Wohlbehagen** und **Spaß am Leben** schenken.

Blitzschnelle Glücksbringer

Die meisten unserer körpereigenen Glücksstoffe gehören zu den Neurotransmittern – Botenstoffen, die unser Gehirn in Hochstimmung und Jubel, wie auch in höchste Konzentration und Aufnahmebereitschaft versetzen können. Dazu leiten diese Botschafter Informationen von einer Nervenzelle zur anderen weiter: gespeichert als elektrische Impulse und in blitzartigem Tempo. Die Nervenbotenstoffe sind nicht nur im Gehirn und innerhalb des zentralen Nervensystems aktiv. Sie überbringen ihre Nachrichten an jede einzelne Nervenzelle des gesamten Körpers – bis in die Spitze des kleinen Zehs.

»Gib jedem Tag die Chance, der schönste deines Lebens zu werden.« Mark Twain

Neurotransmitter sorgen beispielsweise auch dafür, dass Sie Ihre Finger schleunigst von einer heißen Herdplatte wegziehen. Ebenso ermöglichen sie es Ihnen, einen Freund auf der anderen Seite der Straße zu erkennen und zu begrüßen. Dass dies alles in Sekundenbruchteilen ablaufen kann, verdanken wir den Neurotransmittern. Von denen es eine ganze Reihe gibt. Schließlich ist unser Körper ein sehr komplexes System und er beschäftigt nicht nur einen Gesandten. Als Nachrichtenüberträger arbeiten viele Substanzen. So kreisen neben Serotonin noch viele andere Neurotransmitter im

Nervensystem. Unter anderem Acetylcholin, Adrenalin und Noradrenalin, Dopamin sowie GABA, kurz für Gamma Amino Butter Acid. Einige der wackeren Streiter für unser Glück werden Sie noch genauer kennen lernen.

Die Gute-Laune-Tanks

An den Kontaktstellen zwischen den einzelnen Nervenzellen, den so genannten Synapsen, finden sich die Vesikel: kleine Säckchen, in denen die Nervenbotenstoffe gespeichert sind. Hier parken sie und warten darauf, an ihre Aufgabe zu gehen: Sobald ein elektrischer Impuls eintrifft, werden die Botenstoffe ruckzuck aus den Vesikeln freigesetzt. In Windeseile springen sie über einen kleinen Spalt zu den Synapsen der benachbarten Nervenzellen. Hier docken sie an bestimmten Empfängerstellen an und geben ihr Signal weiter. Die Nervenzelle, die diese Botschaft erhalten hat, übersetzt diese ebenfalls sofort wieder in einen elektrischen Impuls. Der gibt den Neurotransmittern erneut das Signal zum Aufbruch: raus aus den Vesikeln und die Botschaft weiterfunken. So werden Nachrichten blitzartig schnell von einer Nervenzelle zur nächsten hinübergereicht.

Neurotransmitter sorgen für eine optimale **Kommunikation** der Nervenzellen und damit auch für unser **seelisches Gleichgewicht.**

Haben die Nervenbotenstoffe ihren Job erfüllt, werden sie wieder in die Vesikel gepackt. Keiner der kleinen Glücksbringer soll schließlich verloren gehen. Denn nur wenn die Speicher der Nervenzellen prallgefüllt sind, können sie unseren Stimmungspegel auf dem optimalen Level halten. Je mehr Neurotransmitter ans Werk gehen können, desto ausgeglichener ist unser Seelenhaushalt, desto mehr können wir uns freuen und desto besser ist schlussendlich die Laune.

Störfall auf den Nervenautobahnen

Ist das fein abgestimmte Pingpong-Spiel der Neurotransmitter gestört, wirkt sich das unmittelbar auf die Psyche aus: Sobald zu wenig von einem bestimmten Botenstoff im Nervensystem unterwegs ist, schlägt sich das auf unser emotionales Befinden nieder.

Wie sehr, entdeckt die Hirnforschung in den letzten Jahren immer genauer. Bei den Untersuchungen über das Denken stellte sich unter anderem heraus, dass bei Stimmungstiefs und psychischen Störungen der Stoffwechsel der Gehirnzellen aus dem Gleichgewicht geraten ist. Dadurch sind bestimmte Nervenbotenstoffe in zu geringer Konzentration vorhanden oder in ihrer Funktion gestört. Bei depressiven Verstimmungen sind beispielsweise Serotonin, Noradrenalin und Dopamin Mangelware. So besitzen Menschen mit Depressionen auch auffällig wenig von diesen Neurotransmittern.

Rund **hundert Milliarden Zellen** stehen unserem **Nervensystem** für ihren umfangreichen Job zur Verfügung.

Wenn die Chemie im Kopf nicht mehr stimmt, macht sich das bemerkbar. Zunächst noch in vorübergehenden Anflügen von Lustlosigkeit und innerer Unruhe, dann in zunehmender Bedrücktheit und Melancholie. Was früher nur ab und an das Wohlbefinden beeinträchtigt hat, lastet immer häufiger auf der Seele. Erste mentale Beschwerden stellen sich ein, wie Nervosität, übertriebene Furchtsamkeit, Konzentrationsschwäche und starke Stimmungsschwankungen. Was in psychische Störungen mündet, wie Angstzustände, Depressionen und Zwangsvorstellungen, kommt nicht von heute auf morgen. Vielmehr entwickeln sich diese Erkrankungen schleichend: Nach und nach leeren sich die Depots der Glücksbotschafter in den Nervenzellen und bringen die Stimmung auf den Nullpunkt. Werden die Botenstoffe weiter aufgezehrt, entgleist der Nervenstoffwechsel immer mehr. Phasenweiser Trübsinn und Melancholie werden zur Krankheit, die täglich die Freude am Leben nimmt.

Unser Gehirn – ein Meisterwerk der Natur

Das Gehirn eines Erwachsenen bringt im Schnitt 1500 Gramm auf die Waage – nur rund zwei Prozent des Gesamtgewichts eines Menschen. Dafür hat das Leichtgewicht einen extrem hohen Energiebedarf: Es beansprucht ein Viertel der gesamten Stoffwechselenergie unseres Körpers. Ein enormer Aufwand, den sich einzig und allein wir Menschen leisten. Und auf den wohl auch unser größter Überlebensvorteil zurückgeht – hohe Intelligenz.

Bereits vier Wochen nach der Empfängnis produziert ein Embryo unzählige Nervenzellen, die in den darauf folgenden Wochen zu festgelegten Regionen im Gehirn wandern. In den ersten zwei Dritteln der Schwangerschaft beginnen diese Neuronen in einem unglaublichen Tempo, Kontaktstellen – so genannte Synapsen – untereinander aufzubauen. Und nach der Geburt geht es munter so weiter. In den ersten eineinhalb Jahren sind Babys wie Schwämme: Sie saugen alles auf, was ihre Sinne wahrnehmen. Durch dieses Erleben entwickeln sich bestimmte Bereiche des Gehirns stärker als andere. Die Verknüpfungen, die in den ersten Lebensmonaten entstehen, sind die wichtigsten. Dennoch »reift« unser Gehirn beständig weiter. Im Alter von 25 Jahren ist es dann erwachsen. Aber auch dann ist noch längst nicht Schluss. Laut Hirnforschung bringt unser Oberstübchen auch im Erwachsenenalter seine Informationen permanent auf den neuesten Stand. Durch diese »Plastizität« bleibt das Gehirn bis ins hohe Alter hinein formbar. Verbindungen zwischen Nervenzellen verändern sich, werden neu geschaffen oder auch abgebaut: die Grundlage dafür, dass wir lernen, Erfahrungen machen und unsere Umwelt verstehen können.

Hormone als Botschafter der Freude

Einige unserer Launemacher gehören zu den Hormonen. Sie sind eine Art Zeremonienmeister, die das Protokoll ausgeben, nach dem das multiple Geschehen im Körper seinen Lauf nimmt. Von den endokrinen Drüsen gebildet und freigesetzt, reisen die Botenstoffe via Blutkreislauf durch den Körper, um ihre Nachrichten zu überbringen. Auf diese Weise setzen Hormone zahllose Prozesse in Gang und koordinieren sie. Daher auch ihr Name: Das Griechische »hormao« bedeutet »antreiben« und »anregen«.

Viele **Hormone** können, wie auch die **Neurotransmitter**, als körpereigene Frohstoffe zur **Steigerung** unseres **Stimmungsbarometers** wirksam werden.

Ob Fortpflanzung und Sexualität, Wachstum und Stoffwechselgeschehen, Mineralstoff- und Zuckergehalt im Blut, Flüssigkeitshaushalt oder Muskeltätigkeit – alles steht unter dem Diktat der Hormone. Ebenso wie unsere Optik und der Zustand von Haut, Haaren und Nägeln. Natürlich geht auch die Lust auf Sex auf das Konto der Hormone. Die hausgemachten Stoffe der Leidenschaft sind die wirksamsten Aphrodisiaka. Auch unser seelisches Befinden unterliegt dem Einfluss der körpereigenen Boten: Sie vermitteln uns Empfindungen von Freude und Lebenslust, steuern Verhalten und Gefühle.

Dafür, dass es mit der internen Kommunikation auch klappt, sorgt der im Zwischenhirn gelegene Hypothalamus. Über hochsensible Hormonfühler registriert er Überschüsse oder Mängel an bestimmten Hormonen und entsendet den Befehl, die Produktion zu drosseln oder aber anzukurbeln: Ist der Spiegel eines Botenstoffs im Blut zu niedrig oder zu hoch, wird dem Oberkommando im Zwischenhirn umgehend Meldung erstattet.

Der Hypothalamus wird in seinen Aktivitäten nicht nur von Signalen aus dem Körper beeinflusst, sondern auch von Reizen aus der Umwelt. Das Stresshormon Adrenalin wird beispielsweise verstärkt in Stresssituationen ausgeschüttet. Schwimmt viel Zucker im Blut, weil wir am Dessertbüfett waren, muss mehr Insulin ins System. Bereits geringe Veränderungen der Lebenssituation oder der Ernährung schlagen sich folglich im hormonellen Geschehen nieder. Das kann das sensible Zusammenspiel der Hormone zwar recht leicht aus dem Takt bringen; es hat aber den großen Vorteil, dass wir das Auf und Ab der hormonellen Wogen auch mitsteuern können. Unter anderem mit dem, was wir essen: Durch die Ernährung lässt sich gezielt beeinflussen, was unsere Stimmungslage dirigiert.

Eine **schlechte Versorgung** mit Nährstoffen kann unser **emotionales** Gleichgewicht leicht aus dem Gleis bringen.

Ernährung: der direkte Draht zur Psyche

Kommt das Zusammenspiel der Neurotransmitter aus dem Takt, leidet die Psyche darunter. Das macht verständlich, warum sich ein Mangel an bestimmten Nahrungsstoffen auch und vor allem psychisch bemerkbar macht. Um seine Nervenbotenstoffe aufzubauen, muss unser Körper ausreichend und richtig gefüttert werden: Essen setzt die Botschafter des Nervensystems frei. Welche und wie viel, hängt davon ab, was Sie zu sich nehmen.

Darüber hinaus sind viele Nährstoffe grundlegende Bedingung dafür, dass Neurotransmitter ihre Botschaften überhaupt weitergeben können. Andere wiederum dienen als Baumaterial für die Nervenbotenstoffe. Fehlt der eine oder andere Stoff, entgleist der Stoffwechsel des Gehirns und mit ihm die Psyche: Reizbarkeit, Antriebsschwäche und Nervosität sind beispielsweise typische Signale dafür, dass dem Körper ein Nährstoff fehlt. Diese psychischen Veränderungen treten meist schon auf, bevor sonstige Anzeichen eines Mangels zu erkennen sind – sind die Tanks leer, leiden als Erstes Geist und Seele.

Gehirn und **Nervensystem** reagieren auf Veränderungen des Stoffwechsels wesentlich **sensibler** als andere Organe.

Mit unserer Ernährung können wir unseren Gemütszustand also direkt und vor allem auch schnell beeinflussen, ein Stimmungsloch stopfen oder einen unruhigen Geist besänftigen. Dass Nährstoffe einen direkten Draht zur Psyche haben, zeigt sich besonders gut bei den so genannten »Erschöpfungsdepressionen«. Dauerhafter Stress, Termindruck und nervliche Anspannung zehren die Vorräte an Vitalstoffen wie vor allem Magnesium im Körper nach und nach auf. Das Baumaterial für die Nervenbotenstoffe wird damit knapper und knapper. Das lässt sich jedoch austarieren: Wenn wir jene Nährstoffe, die fehlen, wieder gezielt zuführen und so den Haushalt der Neurotransmitter wieder normalisieren.

Was der durch seine Forschungen zum Vitamin C bekannte Nobelpreisträger Linus Pauling übrigens schon 1968 vorgeschlagen hat: »Psychische Störungen und Erkrankungen sollten auch durch die Wiederherstellung eines optimalen Stoffwechselzustands im Gehirn behandelt werden.«

Was es mit der guten Laune auf dem Teller genau auf sich hat, welche Nahrungsmittel Ihnen am besten aus einem Stimmungstief helfen und noch vieles mehr, lesen Sie ausführlich im nächsten Kapitel ab S. 36.

Das Orchester der Lebensfreude

Um unser **seelisches Wohlbefinden** kümmern sich zum Glück gleich mehrere Nervenbotenstoffe und Hormone. Unter ihnen ist **Serotonin** sicherlich der bekannteste **Manager der guten Laune** – aber nicht der einzige. Auch andere **Botenstoffe** halten die psychischen Waagschalen im Gleichgewicht.

Schrittmacher des Glücks: Serotonin

Unter den Stimmungsmachern spielt Serotonin die zentrale Rolle. Ihm kommt eine Schlüsselfunktion in unserem Gefühlsleben zu – vor allem nimmt es über die Ernährung Einfluss auf die Psyche. Der Neurotransmitter spielt auch eine wichtige Rolle für seine Kollegen, denn er steuert und kontrolliert deren Funktion: Wären unsere Nervenboten ein Schauspielerensemble, dann wäre Serotonin der Regisseur.

Wenn man sich einmal etwas näher mit diesem Neurotransmitter befasst, offenbart sich recht bald, welche großartigen Leistungen dieses kleine Molekül in unserem Körper vollbringt. Nur etwa zehn Milligramm Serotonin haben wir im Organismus. Dennoch gibt es kaum einen anderen Neurotransmitter, der so umfangreich aktiv ist: Das Spektrum seiner Wirkungen ist enorm.

Der vielseitig begabte Botschafter ist ein relativ kleines Molekül aus der Gruppe der biogenen Monoamine. So genannt, weil Serotonin nur eine Aminogruppe angehängt bekommt, wenn es im Stoffwechsel gebildet wird. Wozu Tryptophan unerlässlich ist: Nur wenn dieser Eiweißstoff zur Verfügung steht, kann in den körpereigenen Werkstätten Serotonin gezimmert werden (S. 21). Wie viel wir davon haben, lässt sich übrigens in Blut und Urin messen. Wird der Neurotransmitter im Stoffwechsel abgebaut, entstehen dabei unter anderem Melatonin, ein weiterer wichtiger Launemacher (S. 28), sowie andere Stoffe, die für unser Gehirn bedeutsam sind.

Auf das Multitalent trifft man in unserem Körper vor allem in drei Bereichen. Zum einen im Verdauungstrakt, wo Serotonin die Muskelbewegungen – die so genannte Peristaltik – mitsteuert. Zum anderen findet sich der Botenstoff in den Blutgefäßen sowie im zentralen Nervensystem, kurz ZNS. Was der Nervenbote hier bewirkt, ist beachtlich und derzeit mit am besten erforscht.

Dirigent der Gefühle

Was Serotonin so alles kann, bekommen wir vor allem an unserem seelischen Befinden und unserem Nervenkostüm zu spüren. Wie wir beispielsweise uns und unsere Umwelt wahrnehmen, wo das Stimmungsbarometer aktuell steht, welche Empfindungen unser Denken dominieren – alle diese Dinge werden, nicht nur, aber doch zu einem großen Teil von Serotonin dirigiert.

Kaum ein anderer **Neurotransmitter** hat einen so weit reichenden **Einfluss** auf unser Wohlbefinden wie **Serotonin**.

In welcher Tonlage, hängt davon ab, wie viel uns von dem Botenstoff zur Verfügung steht: Steigt der Spiegel an Serotonin, steigt auch unsere Stimmung. Fällt der Pegel jedoch ab, wirkt sich das negativ auf die Laune aus. Um das Potenzial des potenten Nervenboten in vollem Umfang nutzen zu können, ist es also wichtig, dass unser Gehirn ausreichend damit versorgt ist. Denn sind die Serotonintanks gut gefüllt, profitieren wir rundum. Wie und wodurch, sehen wir uns nun genauer an.

Der Stoff, aus dem die Freude ist

Serotonin trägt in vieler Hinsicht zu unserem Wohlbefinden bei – zum seelischen wie auch zum körperlichen. Der Nervenbote macht uns ausgeglichen und zufrieden, fröhlich und gut gestimmt. Er hilft uns, klar und weitsichtig zu denken, und steigert die Konzentrations- und Lernfähigkeit. Ebenso lässt uns Serotonin Schmerzen leichter ertragen, weil es die Ausschüttung von Endorphinen anregt. Damit werden leidvolle Empfindungen vermindert. Der Nervenbote macht sich auch um die schlanke Linie verdient. Denn er dämpft den Appetit: Figurprobleme bekommen Sie mit vollen Serotoninspeichern besser in den Griff. Nicht zuletzt macht uns der Botenstoff auch noch in anderer Hinsicht viel

Freude. Er steigert die Lust auf Sex, wovon der Gefühlshaushalt ebenfalls profitiert – mit Genuss.

Extra:

Serotonin

- hält das Gefühlsbarometer auf »hoch«
- macht zufrieden und ausgeglichen
- motiviert und spornt an
- gibt Mut und Zuversicht
- lässt uns die Schönheit des Lebens in vollen Zügen genießen
- schützt vor depressiven Verstimmungen
- hält die Stimmung stabil
- gleicht Schwankungen der Gemütslage aus
- zügelt übermäßigen Appetit und hilft so beim Schlankwerden und -bleiben
- sorgt für tiefen und ungestörten Schlaf
- unterstützt viele körperliche Funktionen wie Muskelkoordination, Temperaturregelung, Herz- und Kreislaufreaktionen oder Drüsentätigkeiten
- fördert die Libido

Hausgemachter Appetitzügler

Serotonin macht uns nicht nur glücklich und hält uns bei bester Laune. Es hat noch eine überaus erwünschte Nebenwirkung – besonders für alle, die auf ihre Linie achten (müssen): Der Botenstoff bremst den Appetit. Ein hoher Serotoninspiegel ist deshalb eine wirksame Hilfe im Kampf gegen die Kilos. Sie erreichen Ihr Wunschgewicht leichter und können es auch besser halten.

Aktuelle Ergebnisse aus der Serotoninforschung zeigen übereinstimmend, dass unser Essverhalten von diesem Neurotransmitter mitgesteuert wird: Serotonin ist Dreh- und Angelpunkt in der Regulation der Appetitkontrolle. Es übermittelt unserem Gehirn, dass wir satt sind. Je mehr Serotonin in unserem Körper kreist, desto früher setzt diese Reaktion ein. Desto langsamer essen wir und desto geringer ist der Umfang der Mahlzeiten. Darüber hinaus dämpft der Nervenbote das Hungergefühl. Bei einem ausreichend hohen Serotoninpegel haben Heißhungerattacken keine Chance. Auch bei der Auswahl der Nahrungsmittel wirkt der Appetitzügler mit. Sinkt der Serotoninspiegel, greifen wir unbewusst zu mehr Kohlenhydraten. Der Nervenbote redet also auch ein entscheidendes Wörtchen dabei mit, was auf unseren Tellern liegt. Dank dieser Effekte kann Serotonin auch ein massiv gestörtes Ernährungsverhalten, wie es bei stark Übergewichtigen häufig vorkommt, wieder regulieren – wertvolle Ansätze, um diesen Sprengsatz für die Gesundheit zu entschärfen. Übergewicht ist inzwischen der gefährlichste unter den Risikofakoren für die Gesundheit. In diesem Zusammenhang

interessant: Auch längeres Fasten hat positive Wirkungen auf die Psyche. Dabei laufen viele Prozesse in unserem Körper langsamer und in geringerem Umfang ab. Was dazu führt, dass einmal ausgeschüttetes Serotonin sehr viel länger im Gehirn verweilt, bevor es wieder abgebaut wird. Das »Fasten-High«, dieses besonders ausgeglichene und zufriedene Gefühl, hat also auch seine biochemische Erklärung.
Allerdings ist der zeitweilige Nahrungsverzicht nicht für jeden geeignet. Wer immer wieder unter Stimmungsschwankungen leidet und keinen stabilen Seelenhaushalt hat, sollte nicht fasten. Der Stoffwechsel der Nervenzellen und damit die Produktion der wichtigen Nervenboten würden dadurch weiter beeinträchtigt. Absolutes Fastenverbot herrscht, wenn bereits eine Depression besteht. Die ohnehin verdüsterte Seele sollte nicht durch künstlich erzeugten Stress – den Fasten trotz aller Vorteile darstellt – zusätzlich belastet werden.

Serotoninräuber Stress

Was uns den Spaß verdirbt, im wahrsten Wortsinn, ist anhaltender und negativer Stress. Ohnehin in vieler Hinsicht schädlich und auch der guten Laune abträglich, zehren pausenlose Hektik und Anspannung an den Vorräten unseres Glücksboten. Denn der damit verbundene dauerhafte Adrenalinschub drosselt seine Produktion. Was nicht nur den Pegel an Serotonin senkt. Obendrein bleiben die schlechten Stresshormone auch noch länger im Körper. Sie werden langsamer abgebaut, weil schlichtweg das Serotonin dafür fehlt. Dauerstress ist also doppelt fatal: Uns geht das Serotonin aus und die Stresseffekte wirken sich noch schädlicher auf das seelische und körperliche Befinden aus. Was wir zu spüren bekommen, indem wir nach und nach träger werden, immer abgeschlaffter und zunehmend gedrückter Stimmung sind. Dieser Teufelskreis kann jedoch durchbrochen werden. Nein, nicht durch den vermehrten Griff zu Schokolade und anderen Süßigkeiten oder deftigen Schweinebraten, sondern weitaus gesünder. Und mindestens genauso lecker.

Eine Studie der **Universität Birmingham** zeigte, dass Krebszellen durch **Serotonin** dazu angeregt werden, sich selbst zu zerstören.

Risikofaktor weiblich

Frauen sind stress- und depressionsanfälliger als Männer. Das hat sich inzwischen in zahlreichen wissenschaftlichen Studien erwiesen. Einer der Gründe dafür ist, dass Evas Töchter nahezu 50 Prozent weniger Serotonin haben: Der männliche Körper produziert fast doppelt so viel vom Glücksboten wie der weibliche.

Dazu schwankt der Serotoninspiegel auch noch mit den hormonellen Wogen des Menstruationszyklus. Nach dem Eisprung nimmt der Gehalt des Nervenboten im Körper stetig ab. Kurz vor Menstruationsbeginn sinkt er dann rapide in den Keller. Dass die Tage vor den Tagen meist nicht die besten sind, sollte also nicht verwundern: Wechselnde Stimmungen, Schwermut und Reizbarkeit gehen mit auf das Konto von zu wenig Serotonin.

Bei psychischen Störungen wie **Depressionen** und **Angststörungen** werden meist zu niedrige **Serotoninkonzentrationen** im Blut gemessen.

Depressiv durch Serotoninmangel

Bei Menschen, die unter depressiven Verstimmungen leiden, findet sich fast immer ein zu niedriger Gehalt an Serotonin in den Gehirnzellen. Ist der Nervenbote zur Mangelware geworden, kann das Stimmungsschwankungen bis hin zu mittelschweren Depressionen zur Folge haben.

Wird der Serotoninspiegel erhöht, bessern sich Stimmung und Befindlichkeit deutlich. Dieser Effekt wird auch therapeutisch genutzt: durch den Einsatz bestimmter Antidepressiva, die eine Steigerung der Serotoninkonzentration im Gehirn bewirken. Die Mittel sorgen für mehr Serotonin im synaptischen Spalt zwischen den Nervenzellen, indem sie die Wiederaufnahme des Botenstoffes in die Vesikel hemmen. Diesem Wirkprinzip haben die Medikamente auch ihren recht sperrigen Namen – Serotonin-Wiederaufnahmehemmer – zu verdanken.

Nur was ankommt, wirkt

Allein das, was im Gehirn an Serotonin vorhanden ist, entfaltet die guten Wirkungen auf unser Befinden. Ehe er ins Gehirn gelangt, muss jeder Wirkstoff jedoch zunächst die Blut-Hirn-Schranke überwinden. Prinzipiell ist dies eine kluge Einrichtung, denn diese natürliche Grenze schützt unser Gehirn vor unerwünschten Subs-

tanzen, die andernfalls über das Blut eindringen könnten. Leider fallen dabei auch wichtige Stoffe durchs Raster, wie eben Serotonin. Es kann die Blut-Hirn-Schranke nicht passieren und bleibt daher wirkungslos. Der Gehalt an Serotonin im Darm lässt sich durch Ernährung beeinflussen, der Gehalt im Gehirn nicht.
Was bedeutet, dass uns über die Ernährung »zugefüttertes« Serotonin zunächst nichts bringt. Deshalb machen Nahrungsmittel, in denen von Natur aus Serotonin steckt, auch nicht automatisch gute Laune. Das gelingt erst über einen Umweg: über Tryptophan, die Vorstufe unseres Glücksbringers. Der Eiweißstoff kann nämlich anders als Serotonin durch die Maschen des Blut-Hirn-Zauns schlüpfen. Zu unserem großen Glück: Im Gehirn eingetroffen, wird Tryptophan dann in reine Lebenslust verstoffwechselt.
Nun stellen Sie vielleicht ganz zu Recht die Frage, ob denn der Gute-Laune-Stoff nicht einfach entsprechend verpackt, in Form von Pillen beispielsweise, in unser Oberstübchen einzuschleusen wäre. Leider nein, denn Serotonin kann nicht künstlich hergestellt oder aus Tieren oder Pflanzen in größeren Mengen isoliert werden. Um die Serotoninkonzentration im Gehirn dennoch zu erhöhen, gibt es zwei Möglichkeiten: Die eine setzt darauf, die körpereigene Bildung von Serotonin anzukurbeln. Die andere besteht darin, die Verfügbarkeit des im Gehirn vorhandenen Serotonins zu steigern. Dazu können wir auf reichlich Unterstützung bauen: Zu mehr Lebensfreude führen viele Wege.

Tryptophan: Rohstoff für Serotonin

Unser Körper stellt Serotonin aus der essenziellen Aminosäure Tryptophan her. Deshalb »essenziell« genannt, weil wir vollständig auf die Zufuhr dieses Eiweißstoffes aus der Nahrung angewiesen sind. Und genau hier lässt sich einhaken: Indem wir essen, was viel Tryptophan enthält, können wir die Serotoninkonzentration erhöhen.
Ohne Tryptophan aus dem Essen kein Serotonin für die Nerven, so die einfache Gleichung. Wie sich diese praktisch auf dem Teller umsetzen lässt, erfahren Sie im folgenden Abschnitt.

Extra:

Achten Sie auf Ihre Folsäure

Das wasserlösliche Vitamin sollte Ihnen am Herzen liegen. Zum einen tatsächlich zum Wohl des Lebensmotors, zum anderen auch Ihrer Stimmung wegen. Denn haben wir genug Folsäure, bleibt die Psyche in der Balance.

Was steckt hinter Serotoninmangel?

Ob **Stress**, **belastende Beziehungen** oder **zu wenig Tageslicht** – es gibt viele **Faktoren**, die an unseren **Serotoninvorräten** zehren.

Interview mit Privatdozent Dr. Alexander Römmler, Facharzt für Gynäkologie mit den Schwerpunkten Reproduktionsmedizin und Endokrinologie. Als Hormonspezialist analysiert und interpretiert er im Hormonzentrum München für viele Ärzte aller Fachgebiete den Hormonstatus von Patienten. Er ist Autor zahlreicher Publikationen, hält Vorträge und gibt Seminare.

Wie kann es dazu kommen, dass ein Mensch unter einem Mangel an Serotonin leidet? Ist das Schicksal?

Serotoninmangel kann mehrere Ursachen haben. So kann er tatsächlich »schicksalhaft«, weil angeboren, sein: Solche Regulationsstörungen kommen oft bei mehreren Familienmitgliedern vor. Ebenso haben die Betroffenen meist schon in der Jugendzeit typische Symptome, die sich im Laufe des Lebens verstärken können.
Einen leichten Serotoninmangel steckt man zunächst meist ganz gut weg. So richtig zum Vorschein kommt er dann bei besonderen Belastungen: bei seelischen Konflikten in der Beziehung oder im Elternhaus, bei höheren beruflichen Stressbelastungen oder beim Konzentrationsabfall von Hilfsstoffen, die zur Serotoninbildung nötig sind.

Was ist der größte »Serotoninräuber« in unserer Gesellschaft?

Körperlicher und psychischer Stress, partnerschaftliche, berufliche und wirtschaftliche Probleme, fortschreitendes Burnout-Syndrom, wenig Tageslicht, eine gestörte Tag-Nacht-Rhythmik – die Folgen des modernen Lebensstils.
Die verkraften immer mehr Menschen nicht und reagieren darauf mit einem Absinken des Serotoninspiegels. Wer auf Dauer mit seinem Körper und Geist »Raubbau« betreibt, und sich nicht genügend um einen körperlichen und seelischen Ausgleich bemüht, muss mit seelischen und psychosomatischen Folgeerkrankungen rechnen, zu denen auch das von uns so benannte »Serotonin-Defizit-Syndrom« gehört.

In den USA gibt es ein Präparat namens 5-HTP, das Einfluss auf den Serotoninhaushalt im Gehirn nehmen soll. Was ist davon zu halten?

Tryptophan ist ein lebensnotwendiger Bestandteil in der Nahrung, eine essenzielle Aminosäure, aus dem im Körper in nur einem chemischen Schritt das natürliche 5Hydroxy-Tryptophan (5-HTP) und dann Serotonin gebildet wird. Als direkte Vorstufe des Serotonins ist also die Einnahme von 5-HTP bei Serotoninmangelzuständen logischerweise sinnvoll. Abgepackt in einer kleinen Kapsel, kann es gut über den Darm aufgenommen werden und gelangt rasch ins Gehirn zum Serotoninaufbau, wie Studien und unsere eigenen umfangreichen Erfahrungen zeigten.
Als natürliche Substanz ist 5-HTP nicht patentierbar und hierzulande auch nicht als Arzneimittel zugelassen. Deshalb müssen Patienten darüber aufgeklärt werden, dass die Dosierungen nicht ganz exakt sein oder auch Verunreinigungen enthalten könnten. Ärzte, die Erfahrungen mit 5-HTP haben, können verlässliche Apotheken und Lieferanten benennen – der Patient muss dann selbst entscheiden.

Warum sind Depressionen in Wohlstandsländern weiter verbreitet als in Entwicklungsländern?

Zum einen gibt es bei vielen biochemischen Entgleisungen starke regionale sowie ethnische Unterschiede, die abweichende Krankheitshäufigkeiten erklären können. In diesem Zusammenhang sei an die so genannte Sichelzellenanämie erinnert. Sie kommt als angeborene Erkrankung im Mittelmeerraum häufiger vor, weil sie gewissermaßen »ganz nebenbei« einen Schutz vor Malaria-Infektionen bietet.
Oder man denke an die geringere Zuckertoleranz der ursprünglich aus Afrika stammenden Bevölkerungsanteile in den USA. Sobald sich diese »umweltbedingt« an die eher zuckerbelastete Ernährungsweise des US-amerikanischen Lebensstils angleichen, steigt ihre Diabetes-mellitus-Rate viel stärker an, als eigentlich zu erwarten wäre. So wird auch der Lebensstil in den westlichen Industrieländern von vielen als »stressig« empfunden, was dann eben häufiger zu Depressionen führen kann. Wer die hier üblichen Arbeitsprozesse, Lebensbedingungen und Lebensauffassungen mit Erfolgsstreben, Perfektionismus und dem »Kampf ums Geld« als psychisch belastend empfindet, wird eher an Depressionen und auch am Burnout-Syndrom erkranken.

Motiviert und sorgt für Zufriedenheit: Dopamin

In unserem Gehirn, trickreich, wie die Natur ist, gibt es etwas, dass uns stets aufs Neue anspornt und uns auch unangenehme Aufgaben schmackhaft macht: Es wird treffend Belohnungssystem genannt und ist wesentlich auf die Hilfe des Botenstoffes Dopamin angewiesen. Nur wenn genug von diesem Neurotransmitter in den kleinen Reservetanks der Nervenzellen zur Verfügung steht, kann das Belohnungssystem auch gut funktionieren. Uns beispielsweise nach einem gewonnenen Schachspiel oder einer bestandenen Prüfung ein behagliches Glücksgefühl vermitteln – eine Mischung aus tiefer Zufriedenheit und innerem Frieden, gepaart mit der Lust auf die nächsten Herausforderungen. Was sich damit erklärt, dass Dopamin die Ausschüttung von körpereigenen Opioiden stimuliert: Stoffen, die uns freudig erregen und bisweilen auch in rauschhafte Jubeltaumel versetzen können. Der Effekt ist immer abhängig von der Dosis, in der Opioide durch unseren Körper strömen.

Dopamin und Belohnungssystem arbeiten Hand in Hand – damit hat dieser Nervenbote ein ganzes Spektrum höchst erfreulicher Wirkungen. Er versetzt uns in eine positive Grundstimmung, macht uns neugierig und erwartungsvoll und belohnt uns, wenn wir Erfolg hatten und etwas erreicht haben. Dopamin sorgt auch für Motivation und Kreativität und gibt uns immer wieder mentalen Schwung zurück. Dieser Botenstoff hilft auch dabei mit, dass wir aus Erfahrungen lernen können. Wie US-Forscher herausgefunden haben, ist Dopamin mit an jenem typischen Gefühl beteiligt, mit dem wir »aus dem Bauch heraus« entscheiden. Das uns vor einem Schritt warnt oder ihn zuversichtlich gehen lässt.

Vor allem aber lässt uns Dopamin Lebensfreude und Glücksgefühle erst so richtig in vollen Zügen empfinden. Nicht umsonst sind Störungen rund um diesen Botenstoff so häufig mit depressiven Symptomen verbunden. Allen voran mit der so genannten Anhedonie: der Unfähigkeit, schöne Situationen genießen zu können.

Extra:

Dopamin

- **gibt Antrieb und motiviert**
- **macht kreativ und neugierig**
- **fördert die Intuition und den »richtigen Riecher«**
- **gibt Gelassenheit und innere Ruhe**
- **macht souverän und zuversichtlich**
- **fördert das Glücksempfinden**

Dopamindoping

Fehlt Dopamin in den Schaltstellen des Nervensystems, werden wir kraftlos und müde, desinteressiert, lustlos und mürrisch. Nun sinkt der Spiegel dieses Nervenboten mit den Jahren leider ab. Parallel mit dem Altern des Organismus treten daher auch zunehmend die Anzeichen eines Dopaminmangels auf. Bezeichnenderweise erinnern viele Alterserscheinungen an die typischen Symptome der Parkinson-Krankheit – die ja auch mit leer geräumten Dopamintanks einhergeht. Aber auch bei jüngeren Menschen können sich die Folgen einer verminderten Aktivität von Dopamin zeigen. Dauerstress ohne Pausen zum Regenieren, gepaart mit einer unzureichenden Nährstoffversorgung, fordern ihren Tribut. Allen voran und meist als Erstes von unseren Nerven. Um die Dopaminreserven wieder aufzufüllen, nützt es nichts, den Botenstoff einfach vermehrt von außen zuzuführen. Dem steht die Blut-Hirn-Schranke im wahrsten Sinn des Wortes im Weg, die der Neurotransmitter nicht überwinden kann. Bei schweren Mangelzuständen, wie etwa bei Morbus Parkinson, werden deshalb Dopaminvorstufen oder auch dopaminverstärkende Medikamente gegeben. Das ist jedoch nur bei schweren Erkrankungen angezeigt. Möchten Sie Ihr Dopamin auf natürliche Weise pushen, werden Sie auf eine uralte Pflanze stoßen: den Ginseng. Er soll die Dopaminbildung stimulieren, was auch für seine antidepressive Wirkung sorgt. Ginsengpräparate bekommen Sie in Drogerien und Reformhäusern. Sprechen Sie vor der Einnahme jedoch mit Ihrem Arzt.

Dopaminmangel wird auch mit **Morbus Parkinson** in Verbindung gebracht. Ein Überschuss kann mit **Schizophrenie** einhergehen.

Die Schattenseiten von Dopamin

Dopamin belohnt uns – unter anderem, indem es die Ausschüttung von körpereigenen Luststoffen, den Opioiden, ankurbelt. Das jedoch kann auch zum Problem werden. Denn was lustvolle Gefühle und Stimmungshochs bewirkt, möchte man sich verständlicherweise möglichst häufig zu Gemüte führen. Und so hat der Botenstoff mit den vielen guten, leider auch eine dunkle Seite: Er spielt eine wichtige Rolle bei der Entstehung von Abhängigkeiten.

Fast alle bekannten Drogen heben den Spiegel von Dopamin an. Das gilt auch für Koffein und Nikotin und macht es so schwer, mit dem Rauchen aufzuhören, und so manchen geradezu süchtig nach Kaffee. Übrigens auch nach Liebe. Frisch Verliebte haben ziemlich viel Dopamin im Blut. Nach einer Weile pendelt sich der Dopaminwert allerdings wieder auf sein normales Maß ein. Gut so, denn einer italienischen Studie zufolge kann ein ständig erhöhter Dopaminpegel zu abnormer Liebessucht führen. Wir erinnern uns an Casanova ... Zu hohe Konzentrationen des Nervenboten scheinen auch bei psychischen Erkrankungen wie Psychosen, Schizophrenie und Aufmerksamkeits-Hyperaktivitäts-Störungen eine Rolle zu spielen.

Stress von seiner guten Seite: Noradrenalin

Zugegeben: Wie Adrenalin macht uns auch Noradrenalin Stress. Allerdings guten. Denn was uns in Atem hält, gibt es in negativer und in positiver Ausführung: Die gute Version heißt Eustress, die schlechte heißt Distress. Für Eustress ist Noradrenalin zuständig – unser »positives« Stresshormon. Es macht uns wach und aufmerksam, hält uns rege und lindert Schmerzen. Vor allem aber wird Noradrenalin im Gegensatz zu seinem Geschwisterhormon überwiegend in aufregend-positiven Situationen ausgeschüttet.

Befinden Sie sich in einer Furcht einflößenden Situation, schießen Kaskaden von Adrenalin in Ihr Blut. Haben Sie aber gerade erfahren, dass Sie eine Gehaltserhöhung bekommen, strömt Noradrenalin durch Ihren Körper.

Das gute Stresshormon wirkt auch wie eine Art Schutzengel. Wenn wir beispielsweise in letzter Sekunde gerade noch einem Auto ausweichen oder uns an etwas festhalten konnten, um nicht zu fallen, war Noradrenalin im Spiel. Es hilft uns, »instinktiv« richtig und durchdacht zu reagieren – in Bruchteilen von Sekunden und ohne uns dessen bewusst zu sein.

Extra:

Noradrenalin

- **steigert Vitalität und Leistungsfähigkeit**
- **erhöht die Reaktionsbereitschaft**
- **macht wach und aufmerksam**
- **ist wichtig für Kreativität und Konzentration**
- **lindert die Schmerzempfindung**
- **fördert die Fettverbrennung**

Fatburner Noradrenalin

Aber der euphorische Nervenbote hat noch mehr Gutes zu bieten: Er verheizt Fett. Wann immer Körper und Geist Noradrenalin brauchen, schickt es die Nebenniere erst einmal in die Fettzellen. Hier nämlich soll sich der Stressstoff seine Energie abholen. Was er bewerkstelligt, indem er Fettdepots abbaut und die dabei freiwerdende Energie auftankt. Und das bemerken Sie positiv auf der Waage und im Spiegel.
Um genug von dem körpereigenen Fatburner auf Lager zu haben, benötigen Sie ausreichend Dopamin und Vitamin C. Denn Noradrenalin entsteht aus Dopamin. Für den Umbau im Stoffwechsel ist jedoch Vitamin C erforderlich. Sonst können die körpereigenen Handwerker nicht aktiv werden. Bekommen sie dann noch ihre Portion Eiweiß dazu, werden sie aktiv, was wiederum schlank und fröhlich macht.

Natürlich high: Endorphine

Nomen est omen: Endorphin steht kurz gefasst für »endogenes Morphin«. Für Stoffe, die natürlich in unserem Körper vorkommen – endogen – und die dem Morphium sehr ähnlich sind. Morphin ist der wichtigste Wirkstoff des Opiums. Dieses steckt im Milchsaft des Schlafmohns und zählt zu den bedeutendsten Arzneien der Medizingeschichte: Allen voran dient es als Betäubungs- und Schmerzmittel sowie zur Beruhigung und für besseren Schlaf. Außer Schmerzen zu betäuben, in Träume zu wiegen und das Gemüt zu besänftigen, sorgt der Mohnsaft auch für rauschähnliche Hochstimmungen. Nicht umsonst wird der Schlafmohn seit alters her als »Pflanze des Glücks« bezeichnet. Für unseren Dichterfürsten Goethe war Opium gar »der Inbegriff der holden Schlummersäfte«. Vielleicht auch deshalb, weil es nicht nur das beste Schmerzmittel ist, sondern auch ein wirksames Aphrodisiakum …

Extra:

Endorphin

- **wirkt stark schmerzstillend**
- **sorgt für ein ausgeprägtes Glücksgefühl**
- **macht regelrecht »high«**
- **wirkt antidepressiv**
- **stimmt hoffnungsvoll, fast euphorisch**
- **reguliert die Körpertemperatur und die Darmbewegungen**

Das Interessante ist nun, dass Morphin nicht nur im Mohn steckt, sondern Substanzen mit ähnlicher Wirkungsweise auch in unserem Körper vorkommen: aus hauseigener Herstellung und daher Endorphine genannt. Wir haben sogar eigene Rezeptoren, die für unser Opium reserviert sind. An diese Heimathäfen docken die Endorphine an und entfalten so ihre Wirkungen.

Im limbischen System, der Hirnregion, in der Stimmungen und Gefühle verarbeitet werden, regen die körpereigenen Opiate positive Empfindungen an. Dort, wo die Schmerzwahrnehmung stattfindet, entfalten Endorphine genau gegenteilige Effekte: Sie hemmen die Weiterleitung der Schmerzempfindungen und sorgen damit ebenso für unser Wohlergehen. Ohne die hauseigenen Schmerzmittel wäre unter anderem eine Geburt eine unvorstellbare Qual. Auch in Extremsituationen wie Unfällen schützen sie uns: In enormer Menge ausgeschüttet, bürgen die Endorphine dafür, dass selbst schwer Verletzte erst einmal keinen Schmerz verspüren. Diesen Effekt haben Sie sicher auch schon selbst erlebt, wenn Sie sich verletzt, etwa mit einem Messer geschnitten haben, und zunächst schmerzfrei sind. Das verdanken Sie Ihrem Opium. Wie auch das Hochgefühl, dass bei starken Anstrengungen eintritt: Das begehrte Runner's High ist Ergebnis der verstärkten Endorphinausschüttung beim Sport.

Doch keine Rose ohne Dornen. Wie Opium und andere opiatähnliche Stoffe können auch Endorphine süchtig machen. Denn sie wirken ähnlich wie Drogen, die von außen zugeführt werden. Diese docken übrigens auch an jenen Stationen an, die eigentlich für die Endorphine vorgesehen sind.

Extra:

Melatonin

- wirkt beruhigend und entspannt
- hilft uns gut zu schlafen
- fördert Neubildung und Regeneration der Hautzellen
- schützt vor den schädlichen Wirkungen freier Radikale
- stärkt das Immunsystem

Entspannt und verjüngt über Nacht: Melatonin

Während wir schlafen, herrscht in der Zirbeldrüse reges Treiben. Denn nachts wird hier Melatonin gebildet, das Schlüsselhormon unserer inneren Uhr. Es steht in enger Wechselwirkung mit dem Schlaf-Wach-

Rhythmus und steuert viele chronobiologische Funktionen. Bis vor einigen Jahren galt Melatonin »nur« als probates Mittel gegen Jetlag, da es dem Körper hilft, sich der Zeitumstellung anzupassen, und als »Sandmännchen« bei gestörtem Schlaf. Inzwischen traut man dem »Schlafhormon« aber eine Menge mehr zu. Melantonin wird heute beispielsweise als Anti-Aging-Substanz eingesetzt. Grund ist seine wissenschaftlich nachgewiesene Bremswirkung auf die Alterung: Im Dienste jugendlicher Schönheit stimuliert Melantonin Neubildung und Wachstum der Hautzellen und macht die Oberhaut glatter. Und der Zirbeldrüsenstoff hat noch weitere erfreuliche Eigenschaften. Unter anderem soll er freie Radikale helfen abzufangen und dem Immunsystem stärkend unter die Arme greifen. Natürlich hebt Melantonin auch die Stimmung. Solange es nicht im Übermaß vorhanden ist. Das kann in den Herbst- und Wintermonaten vorkommen, wenn wir nicht genügend Licht abbekommen. Dann nämlich baut unser Körper das im Schlaf produzierte Melatonin nicht ausreichend ab. Das bringt die innere Uhr durcheinander und macht uns müde und antriebsarm. Vor allem aber bedrückt, schlecht gelaunt und mitunter auch regelrecht depressiv. Die saisonal abhängige Depression, kurz SAD, ist eine Folge des gestörten Melatoninhaushalts. Gezielte Bestrahlung mit sehr hellem Licht kann ihn wieder ins Lot bringen; mehr dazu auf S. 105.

Regeneriert und fit im Schlaf mit dem Wachstumshormon

Und noch ein Nachtschwärmer: Auch das Wachstumshormon wird während des Schlafes ausgeschüttet. Der auch somatotropes Hormon (STH) genannte Botenstoff ist dafür verantwortlich, inwieweit Sie sich über Nacht regeneriert haben. Und was Sie morgens im Badezimmerspiegel sehen. Denn wie schon sein Name sagt, regt dieses Hormon alle Wachstums- und Erneuerungsprozesse im Körper an. Davon profi-

Extra:

Wachstumshormon

- **fördert den Abbau von Körperfett**
- **unterstützt den Muskelaufbau**
- **fördert die Funktionen von Gehirn und Nervensystem**
- **stimuliert die Neubildung von Zellen**
- **regeneriert und erfrischt Geist und Körper**
- **schützt die Nervenzellen**

tieren natürlich auch Haut, Haare und Nägel und auch die schlanke Linie. Das Wachstumshormon fördert den Aufbau von fettfreier Körpermasse wie z. B. Muskeln. Im Gegenzug unterstützt es den Abbau von Fettzellen. Schlank im Schlaf … Ganz so einfach geht das natürlich nicht, dennoch zählt STH zu den stärksten Fettverbrennern im Körper.

Software-Problem im Gehirn

Stress im Job, Ärger mit dem Liebsten, tagelanger Dauerregen … Das alles kann einem ganz schön die Stimmung verderben, traurig, unzufrieden und schlecht gelaunt machen – aber noch lange nicht krank. Vorsicht ist angebracht, wenn sich über mehrere Wochen ein permanentes Gefühl der Hoffnungslosigkeit und inneren Leere sowie massive Selbstzweifel einstellen. Dann nämlich kann eine Depression vorliegen. Was auf dem Gemüt lastet, ist eine Stoffwechselstörung der Nervenbotenstoffe. Eine schwere Krankheit, weit entfernt von einer seelischen »Unpässlichkeit«.

Dass es in der Software-Abteilung des Gehirns zu Problemen kommt, müssen immer mehr Menschen erleben. Jeder Zehnte ist mindestens einmal in seinem Leben von einer Depression betroffen. Das Stimmungsbarometer der Nation steht tiefer, als vermutet: Bereits heute leiden in Deutschland mehr Menschen unter depressiven Verstimmungen als unter der Volkskrankheit Diabetes, von der rund sechs bis sieben Millionen betroffen sind.

80 bis **90 Prozent** aller Depressionen lassen sich **gut behandeln** – am besten durch die **Kombination** von **Psychotherapie** und **Medikamenten**.

Depression – die heimliche Krankheit

Depressionen werden sehr oft verkannt. Denn viele Betroffene merken gar nicht, wenn ihre Seele auf Talfahrt geht. Sie haben keine Energie mehr, irgendwie ist ihnen die Lust am Leben abhanden gekommen. Und meist wissen sie nicht einmal, warum. »Das ist nur eine schlechte Phase«, glauben sie, oder: »Ich bin im Moment halt nicht so gut drauf.« Depression ist aber weder eine persönliche Schwäche noch die Unfähigkeit, mit Problemen fertigzuwerden, sondern eine Krankheit, die unbedingt behandelt werden muss.

Wie geht's Ihrer Stimmung?

Je eher eine depressive Verstimmung erkannt wird, desto aussichtsreicher die Behandlung. Dazu hat sich die Weltgesundheitsorganisation (WHO) fünf Fragen ausgedacht, mit denen das psychische Befinden ermittelt werden kann.

Wie haben Sie sich in den letzten beiden Wochen gefühlt?
In den letzten zwei Wochen …

	die ganze Zeit	meistens	etwas mehr als die Hälfte	etwas weniger als die Hälfte	ab und zu	nie
… war ich froh und guter Laune	5	4	3	2	1	0
… fühlte ich mich ruhig und entspannt	5	4	3	2	1	0
… fühlte ich mich aktiv und energisch	5	4	3	2	1	0
… fühlte ich mich beim Aufwachen ausgeruht und frisch	5	4	3	2	1	0
… war mein Alltag voller Dinge, die mich interessieren	5	4	3	2	1	0

Haben Sie weniger als 13 Punkte gesammelt, sollten Sie Ihren Arzt auf eine mögliche depressive Verstimmung ansprechen.

Dass Depressionen von körperlichen Beschwerden begleitet sein können, macht die Diagnose nicht einfacher. Denn Rückenschmerzen, Schlafstörungen oder Druck in der Magengegend fühlen sich zunächst eher nach einem organischen Leiden an. Dabei drückt der Körper nur aus, was die Seele fühlt: eine tiefe Traurigkeit. Aus diesem Grund werden Depressionen häufig gar nicht, zu spät oder nicht ausreichend behandelt.

Wege aus dem Stimmungstief

Wer unter Depressionen leidet, gehört in die Hände von Fachleuten. Insbesondere ist es wichtig, schnell zu reagieren, wenn die Seele aus dem Tritt gerät. Je früher eine Depression erkannt und behandelt wird, umso besser stehen die Chancen, bald wieder ein normales Leben führen zu können: 80 bis 90 Prozent aller Depressionen können bei rechtzeitiger und zielgerichteter Therapie gut behandelt werden. Denn der gestörte Haushalt der Neurotransmitter lässt sich korrigieren – durch Psychotherapie und Antidepressiva. Bewährt hat sich eine Kombination aus beidem. Die Medikamente behandeln schließlich nur die Symptome der Depression. Die Ursachen müssen auf einem anderen Weg herausgefunden und angegangen werden. Denn vielschichtig, wie die Ursachen von Depressionen nun mal sind, sollte auch das persön-

Woran Sie eine Depression erkennen

Mögliche psychische Symptome:

- Selbstwertzweifel und Minderwertigkeitsgefühle
- Schuldgefühle und Gefühle von Wertlosigkeit
- Versagens- und Zukunftsängste
- Appetitstörungen
- Verminderte Konzentration und Aufmerksamkeit
- Interesse- und Freudlosigkeit
- Antriebs- und Kontaktarmut
- Reizbarkeit
- Morgentief
- Suizidgedanken

Mögliche körperliche Symptome:

- Schlafstörungen oder morgendliches Aufwachen, zwei oder mehr Stunden vor der eigentlichen Zeit
- Herzbeschwerden
- Rücken- und Kopfschmerzen
- Verdauungs- und Kreislaufstörungen
- Gewichtsverlust
- Libidoverlust

Wenn Sie viele der genannten Symptome bei sich wahrnehmen und diese über einige Monate bestehen bleiben, sollten Sie unbedingt ärztliche Hilfe in Anspruch nehmen.

Lassen Sie sich bei der **Wahl des Therapeuten** Zeit. Für den Therapieerfolg ist eine **positive Beziehung** zwischen Ihnen beiden **entscheidend**.

liche Leben nach potenziell krankmachenden Faktoren oder Erlebnissen durchforstet werden. Die Spurensuche in der Vita ist sehr sinnvoll und ratsam – auch um künftig einer erneuten Verdunkelung der Seele vorzubeugen.
Geschulte Psychotherapeuten können sehr effektiv dabei helfen, einen Blick auf das eigene Ich zu werfen und geeignete Bewältigungsstrategien für die Zukunft zu entwickeln. Betroffene sollten keine Vorbehalte gegen eine medikamentöse oder auch psychotherapeutische Therapie haben, schließlich können diese Maßnahmen ihre Seele wieder ins Gleichgewicht bringen. Natürlich spielt der individuelle Grad der Erkrankung bei der Wahl der Therapiemittel eine große Rolle.
Behalten Sie immer im Gedächtnis: Gerade bei einer leichten bis mittelschweren Depression kann der Patient selbst viel zu einer Verbesserung der Stimmungslage beitragen.

Wie Antidepressiva wirken

Antidepressiva bringen die Menge an Nervenbotenstoffen wieder auf einen gesunden Level. Denn bei depressiven Menschen nimmt die Nervenzelle zu viele Neurotransmitter wieder auf oder die Botenstoffe werden zu schnell abgebaut. Verantwortlich dafür ist das so genannte MAO-Enzym. Antidepressiva hemmen es, verlangsamen damit den Abbau der Neurotransmitter und erhöhen deren Konzentration. Ein anderer Wirkmechanismus besteht darin, die Transportproteine zu hemmen, die für den Rücktransport der Botenstoffe in die Nervenzelle verantwortlich sind. Dadurch stehen wieder genügend Neurotransmitter für den Informationsaustausch zwischen den Nervenzellen bereit. Wichtige Vertreter dieser Wirkstoffklassen sind beispielsweise die trizyklischen Antidepressiva und die Selektiven Serotonin-Wiederaufnahme-Hemmer, kurz SSRI.
Eine Therapie mit Antidepressiva dauert in der Regel mehrere Monate. Zu Beginn ist allerdings Geduld gefragt. Denn die volle Wirkung dieser Medikamente setzt verzögert ein: Es kann bis zu zwei, manchmal auch drei Wochen dauern, bis sie spürbar wird.

Wie steht es um Ihr Serotonin?

Ob und in **welchem Ausmaß** es Ihnen möglicherweise am wirksamsten **Stimmungsmacher** unseres Körpers **mangelt**, erfahren Sie durch **diesen Test**. Lesen Sie die **nachfolgenden Statements** und **kreuzen** Sie die **Antwort** an.

Sie leiden an Schlafstörungen.	☐ Ja	☐ Nein
Morgens haben Sie meist Mühe aufzustehen.	☐ Ja	☐ Nein
Am späten Vormittag oder Nachmittag sind Sie oft müde.	☐ Ja	☐ Nein
Sie greifen regelmäßig zu Schokolade und anderen Süßigkeiten.	☐ Ja	☐ Nein
Zu sportlichen Aktivitäten können Sie sich nicht aufraffen.	☐ Ja	☐ Nein
Sie empfinden den Alltag und anstehende Aufgaben als Belastung.	☐ Ja	☐ Nein
Schon Kleinigkeiten können Sie richtig wütend machen.	☐ Ja	☐ Nein
Sie fühlen sich ausgepowert und älter, als Sie tatsächlich sind.	☐ Ja	☐ Nein
Sie reagieren empfindlich auf Lärm.	☐ Ja	☐ Nein
Sie sind lieber allein und meiden die Gesellschaft anderer.	☐ Ja	☐ Nein
Am liebsten würden Sie Ihr Leben noch einmal von vorne beginnen.	☐ Ja	☐ Nein
Sie essen unregelmäßig, mal nur sehr wenig und dann wieder zu viel.	☐ Ja	☐ Nein
Sie bringen einige Kilos zu viel auf die Waage.	☐ Ja	☐ Nein
Ihnen kommen mitunter ohne Grund die Tränen.	☐ Ja	☐ Nein
Oft haben Sie zu rein gar nichts Lust.	☐ Ja	☐ Nein
Sie empfinden das Leben als ungerecht und sich als Opfer.	☐ Ja	☐ Nein
Termine und gefasste Vorhaben verschieben Sie gerne.	☐ Ja	☐ Nein
Ihre Hobbys und Interessen sind Ihnen unwichtig geworden.	☐ Ja	☐ Nein
Entscheidungen zu treffen überfordert Sie schnell.	☐ Ja	☐ Nein
Sie fühlen sich niedergeschlagen und zugleich innerlich unruhig.	☐ Ja	☐ Nein
Ihre Meinung von sich selbst ist nicht die beste.	☐ Ja	☐ Nein
Sie grübeln häufig und werfen sich alte Fehler vor.	☐ Ja	☐ Nein
Oft plagen Sie Schuldgefühle.	☐ Ja	☐ Nein
Für Ihre Zukunft sehen Sie wenig positive Perspektiven.	☐ Ja	☐ Nein

Zählen Sie nun nach, wie oft Sie mit Ja geantwortet haben. Was das für Ihren Serotoninhaushalt bedeutet, lesen Sie hier.

1- bis 5-mal

Um Ihre körpereigenen Glücksboten müssen Sie sich keine Sorgen machen. Auch wenn Sie hin und wieder mal einen schlechten Tag und die entsprechende Laune haben: Die Produktion in Ihren Nervenfabriken klappt reibungslos.
Dennoch: Falls Sie sich manchmal überfordert fühlen oder sich an gewissen Schwächen stören, nehmen Sie das als Signal, etwa zu ändern. Denn auch wenn Sie prinzipiell auf dem richtigen Weg sind, sollten Sie immer wieder mal die Richtung ausloten und möglicherweise korrigieren. Auf dass Ihre Glücksbringer Ihnen weiterhin viel Freude machen.

6- bis 11-mal

Ihre Gute-Laune-Tanks sind nicht mehr optimal gefüllt. Denn der Stoffwechsel der Nervenzellen arbeitet nicht mit voller Kraft.
Höchste Zeit also, Ihre Lebensgewohnheiten – allen voran die Ernährungsweise – zu checken und möglicherweise zu ändern. Wie Ihnen das einfach und dabei noch mit viel Freude gelingt, möchte Ihnen dieses Buch vermitteln. Sie werden erfahren, dass es gar nicht schwer ist, auf natürlichem Wege und mit oftmals ganz simplen Mitteln zu mehr Lebensfreude zu finden.

12- bis 17-mal

Offensichtlich haben Sie bereits einen größeren Mangel an Serotonin. Dass es Ihnen häufig an Lebensfreude und Motivation fehlt, ist insofern wenig erstaunlich. Ergreifen Sie deshalb jetzt die Gelegenheit, gezielt etwas für Ihre seelische Verfassung zu tun. Schließlich sollen und dürfen Sie nicht noch länger und noch mehr unter Ihrer gedrückten Stimmung leiden.
Welche Möglichkeiten Sie haben, um selbst aktiv zu werden, lesen Sie in diesem Buch. Aus dem Stimmungstief führen viele verschiedene Wege – welche Sie gehen möchten, bleibt Ihnen und Ihren Vorlieben überlassen.

Mehr als 17-mal

Ihr Stimmungsbarometer steht augenblicklich recht tief. Möglicherweise machen Sie gerade eine Krise durch, müssen den Verlust des Partners oder des Arbeitsplatzes verkraften oder haben mit scheinbar unlösbaren Konflikten zu kämpfen.
Vielleicht leidet Ihre Seele aber auch ohne klare Gründe. So geht es beispielsweise vielen Menschen besonders in den Monaten November bis März, wenn der Winterblues an der Laune nagt – die so genannte saisonale Depression.
Unabhängig von den Auslösern Ihrer Krise: Sie sollten Ihre Gefühlslage keinesfalls als Dauerzustand hinnehmen. Sondern Ihre Probleme versuchen zu benennen und zu lösen.
Das geht meist nicht allein, sondern viel besser mit fachkundiger Unterstützung durch einen Therapeuten: Lassen Sie sich helfen und machen Sie den ersten Schritt in ein besseres Leben. Dabei kann Ihnen dieses Buch unterstützend zur Therapie ein guter Begleiter sein.

GLÜCK GEHT DURCH DEN MAGEN

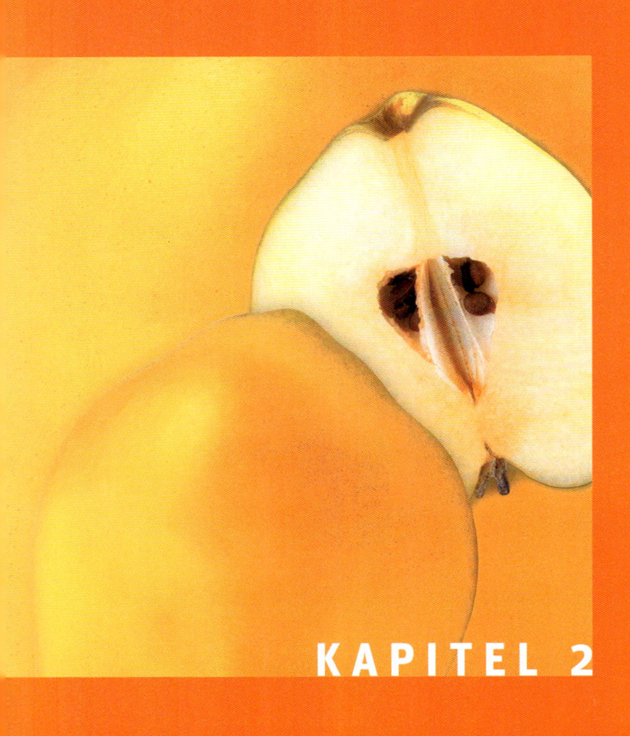

KAPITEL 2

Was wir essen,

versorgt uns nicht nur mit **Nährstoffen** und **Energie**. Sondern es hat auch einen entscheidenden Einfluss auf unsere **Gesundheit,** unsere **Vitalität** und unser **seelisches Befinden**.

Bissen für Bissen besser drauf

Die Produktion der körpereigenen **Stimmungsmacher** kann durch die Ernährung **gezielt angekurbelt** werden: einem **Mangel** unter den **Nervenboten** und seinen negativen Folgen für das Gemüt können Sie mit Messer und Gabel entgegnen. Indem Sie Ihrem Körper **verstärkt zuführen**, woraus er die **Glücksboten** aufbaut.

Das Gute-Laune-Rezept

Damit die Fließbänder im Gehirn in Gang kommen können, sind bestimmte Bausteine aus der Nahrung erforderlich. Allen voran die Aminosäure Tryptophan: Sie feuert den Startschuss zur Serotoninbildung im Gehirn ab. Ohne Tryptophan kein Serotonin, so lautet die einfache Gleichung. Denn sowohl für die Bildung wie auch für die Freisetzung des Glücksboten ist der Eiweißstoff unerlässlich.

Dreh- und Angelpunkt der **guten Laune auf dem Teller** ist das **Serotonin**. Je **weniger** von dem Glückshormon in unserem Gehirn zirkuliert, desto **größer** der Blues – und umgekehrt.

Steigt die Konzentration von Tryptophan im Gehirn an, wird mehr Serotonin gebildet. Im Gegensatz zum froh machenden Neurotransmitter kann die Aminosäure die Blut-Hirn-Schranke ja überwinden. Woraus nur logisch zu folgern wäre, dass wir vermehrt eiweißreiche Lebensmittel wie Milchprodukte oder Fisch essen müssen, die uns reichlich Tryptophan liefern. Dann, möchte man meinen, steht der guten Laune nichts mehr im Wege.

Doch einfach nur große Mengen des Serotoninbausteins aufzunehmen funktioniert leider nicht. Denn so leicht öffnet das Gehirn seine Pforten nicht. Um ins Zentrum der Glücksfabrik vorzudringen, braucht Tryptophan die Unterstützung von anderen Nahrungsstoffen.

Wie die Glücksstoffe zusammenspielen

Gemeinsam geht's besser – auch im Stoffwechsel unseres Gehirns. Dafür, dass Tryptophan zur Produktionsstätte des Frohstoffes Serotonin gelangt, ist die richtige Kombination von Nahrungsstoffen entscheidend. Kurz gesagt: Ohne Kohlenhydrate läuft nichts im Stoffwechsel der Glücksboten. Nur wenn der Körper zugleich mit Tryptophan auch Kohlenhydrate bekommt, kann die Serotoninbildung im Gehirn anlaufen.

Damit **Serotoninspiegel** und **Stimmung** steigen, brauchen wir **Tryptophan** – aus diesem Stoff baut unser Körper sein **Freudenmolekül**.

Um diese Vorgänge besser nachvollziehen zu können, machen wir einen kleinen Ausflug in die Biochemie. Wenn wir Kohlenhydrate essen, schickt unsere Bauchspeicheldrüse vermehrt Insulin ins Blut. Das hilft dem Tryptophan, die Blut-Hirn-Schranke zu überwinden und ins Gehirn zu kommen. Ohne Kohlenhydrate hat es die Aminosäure damit wesentlich schwerer. Denn für seine Passage durch die Blut-Hirn-Schranke nutzt Tryptophan kleine Transportermoleküle: Diese nehmen es gewissermaßen huckepack und fahren mit ihm über die Schutzgrenze ins Gehirn.

So bequem möchten es natürlich auch andere Eiweißstoffe haben, die im Körper unterwegs sind. Entsprechend sind die Transporter bei den Aminosäuren sehr gefragt: Jede versucht, einen Platz für die Fahrt ins Gehirn zu ergattern. Ziemlich große Konkurrenz also für Tryptophan – zumal es im Vergleich zu anderen Aminosäuren nur in relativ geringen Mengen vorkommt. Essen Sie nun eine eiweißreiche Mahlzeit, führt das zu einem Anstieg der Aminosäuren und damit zu einem größeren Gedränge um die freien Plätze in den Transportern. Das Tryptophan gerät da leicht ins Hintertreffen. Muss bleiben, wo es nicht hingehört: außen vor, nämlich außerhalb des Gehirns. Eine eiweißreiche Ernährung kann deshalb die Bildung von Serotonin sogar verringern. So paradox das sein mag: Wegen der »Konkurrenzkämpfe« unter den Aminosäuren wird die Aufnahme von Tryptophan ins Gehirn durch zu viel Eiweiß auf dem Teller gedrosselt – und die Stimmung leidet. Genau das aber wollen Sie ja vermeiden. Weshalb Sie zugleich mit Eiweiß auch Kohlenhydrate essen sollten. Damit helfen Sie dem Tryptophan, ins Gehirn zu kommen und dort seinen Job zu machen.

Tryptophan + Kohlenhydrate = Serotonin

Erst Kohlenhydrate schaffen die Voraussetzung dafür, dass ausreichend Tryptophan in unser Gehirn gelangen kann. Was am Insulin liegt, das, wie eben erwähnt, nach einer kohlenhydratreichen Mahlzeit verstärkt ausgeschüttet wird. Der Clou daran: Das Bauchspeicheldrüsenhormon sorgt dafür, dass Aminosäuren vermehrt in das Muskelgewebe aufgenommen werden. Bis auf Tryptophan – das bleibt dank seiner speziellen Struktur im Blut zurück. Und hat hier deutlich weniger Konkurrenten im Kampf um die Transportermoleküle. Die wurden schließlich zu den Muskeln geschickt und sind dort gebunden. Freie Fahrt also für Trypto-

Eiweißstoffe: Bausteine unseres Körpers

Eiweißstoffe, von der Ernährungswissenschaft Proteine genannt, sind das Baumaterial des Körpers: Als Grundbausteine aller Zellen sind sie enorm wichtig für zahlreiche Prozesse, die in unseren Organen und im Stoffwechsel ablaufen. Vor allem aber sind sie die Basis unseres psychischen Befindens. Denn sie liefern die Bausteine für die Nervenbotenstoffe: Aus den Aminosäuren, den kleinen Grundeinheiten der Eiweiße, werden die Neurotransmitter zusammengesetzt. Haben wir zu wenig der Eiweißbausteine, kann das unser seelisches Gleichgewicht ganz schnell ins Wanken bringen.
Zwanzig Aminosäuren gibt es, zehn davon sind essenziell – unser Körper kann sie also nicht selbst herstellen. Eine dieser essenziellen Aminosäuren ist das Tryptophan, aus dem der Glücksbote Serotonin hervorgeht.

phan. Es kann vermehrt ins Gehirn strömen und dort für gute Stimmung sorgen.
Was für unser Seelenwohl zählt, ist deshalb nicht die eigentliche Menge an Tryptophan im Blut. Entscheidend ist vielmehr, wie viele andere Aminosäuren noch mit im Blut schwimmen. Je weniger das sind, umso besser für unsere Laune.
Die Glücksformel lautet also: Je mehr Kohlenhydrate und je weniger Eiweiß, desto mehr Tryptophan im Gehirn und desto mehr Serotonin wird produziert.

Eierteigwaren pushen die **gute Laune** auf ideale Weise, denn sie enthalten die **Kombination** aus **Tryptophan** und **Kohlenhydraten.**

Warum Nudeln glücklich machen …

… wissen Sie ja nun. Fassen wir aber noch einmal kurz zusammen: Weil Kohlenhydratreiches wie eben Nudeln viel Insulin ins Blut bringt und damit dem Tryptophan ins Gehirn verhilft. Reichlich Kohlenhydrate, zusammen mit tryptophanhaltigen Lebensmitteln genossen, sind deshalb eine wirksame Maßnahme gegen Stimmungstiefs. Geradezu ideal als Launemacher sind insofern Eierteigwaren: Tryptophan im Ei, Kohlenhydrate in der Nudel.
So weit zu Nudeln. Daneben gibt es aber noch viele andere Nahrungsmittel, die uns in verschiedenen Versionen Kohlenhydrate spenden. Als einfache oder komplexe Kohlenhydrate entfalten sie jeweils unterschiedliche Effekte im Körper. In welcher Verpackung wir uns die Energiespender servieren, ist nicht einerlei. Der schnelle Zuckerschub fühlt sich anders an als der lang anhaltende Rückenwind, den uns komplexe Kohlenhydrate verpassen – sowohl Körper wie Seele reagieren darauf unterschiedlich.

Kohlenhydrate: Turbo für Körper und Seele

Unsere wichtigsten Energielieferanten sind Kohlenhydrate. Sie setzen sich aus einer unterschiedlichen Anzahl von Zuckern zusammen. So gibt es Einfachzucker, Zweifachzucker und Vielfachzucker. Einfach- und Zweifachzucker liefern sofort Energie. Vielfachzucker, die so genannten komplexen Kohlenhydrate, muss dagegen erst aufgespalten werden.
In Notzeiten, wenn Kohlenhydrate knapp sind, können die meis-

ten Gewebe des Körpers auf Fette als Energiequelle ausweichen. Beim Gehirn klappt das jedoch nicht. Unsere oberste Schaltzentrale ist voll und ganz auf die Versorgung mit Kohlenhydraten angewiesen. Und das nonstop, sonst kann es nicht störungsfrei funktionieren. Da es im Gehirn keine Speicherkammern für Glukose gibt, muss ständig Nachschub aus dem Blut angeliefert werden. Denn Blutzucker ist die Hauptenergiequelle des Gehirns. Entsprechend schnappt es sich auch gleich ein Viertel des mit der Nahrung aufgenommenen Zuckers weg. Bekommt es dieses Quantum nicht, reagiert es unmittelbar. Große Schwankungen ebenso wie Schübe in der Energieversorgung verträgt das Gehirn sehr schlecht. Das bekommen wir schnell zu spüren: Wir werden müde, fahrig, unkonzentriert und nervös. Aber auch gereizt und schlecht gelaunt. Im schlimmsten Fall bekommen wir weiche Knie und sehen grüne Sternchen. Klarer Fall von Unterzuckerung. Ein Zustand, den es dringend zu vermeiden gilt. Vor allem auch im Hinblick auf unseren Gemütszustand. Denn wenn im Gehirn die Akkus leer sind, rutscht das Stimmungsbarometer in den Keller.

Auf unseren Blutzuckerspiegel müssen wir also gut aufpassen. Ideal ist es, wenn sich sein Wert zwischen 85 und 105 Milligramm Blutzucker pro Deziliter Blut bewegt. Ihn auf diesem Niveau und möglichst konstant zu halten gelingt, indem wir erstens regelmäßig essen und zweitens Nahrungsmittel mit niedrigem oder mittlerem Blutzuckerindex (GLYX) auswählen, also komplexe Kohlenhydrate.

Extra:

Einfache und komplexe Kohlenhydrate

a| **Einfache Kohlenhydrate**
Zu den Einfachzuckern gehören Fruchtzucker, Traubenzucker, zu den Zweifachzuckern Haushaltszucker und Milchzucker. Einfache Kohlenhydrate befinden sich hauptsächlich in Zucker (Süßigkeiten, Fertigprodukte) und Weißmehl (Backwaren, Fertigprodukte).

b| **Komplexe Kohlenhydrate**
Zu den Vielfachzuckern zählen Stärke und Ballaststoffe. Diese komplexen Kohlenhydrate befinden sich in Vollkornprodukten (Reis, Nudeln, Brot), Kartoffeln, Obst, Gemüse und Hülsenfrüchten (Bohnen, Linsen, Erbsen).

Schokolade und andere Serotoninturbos

Zucker, sowohl Haushalts- wie auch Traubenzucker, lässt den Blutzuckerspiegel am schnellsten in die Höhe schießen und sorgt damit auch für einen raschen Anstieg von Insulin. Das bringt das Tryptophan im Eiltempo ins Gehirn und sorgt für einen schnellen Serotoninkick. Zucker und alles was ihn enthält, hat damit die stärkste Wirkung auf den Glücksboten. Weshalb Schokolade auch so wirksam und zügig dunkle Schatten von der Seele nimmt. Zur »zartesten Versuchung« aber später noch detaillierter (S. 66).

Viele **Nährstoffe** sind unerlässlich für die **Gehirnfunktionen**, die **geistige Leistungsfähigkeit** und natürlich auch für den **Erhalt unserer Lebensfreude.**

Doch dieser Effekt hält leider nicht lange an: Was schnell wirkt, ist auch schnell wieder verpufft. So schnell der Blutzuckerspiegel nach oben schießt, so schnell sinkt er auch wieder ab. Dann wird kein Insulin mehr benötigt und in der Folge gelangt auch weniger Tryptophan ins Gehirn. Die Serotoninbildung wird wieder gedrosselt. Der schnelle Zuckerstoß führt aber auch oft dazu, dass der Pegel des Blutzuckers für kurze Zeit sogar unter den Normwert fällt. Dem Körper gefällt das natürlich nicht und er verlangt nach Nachschub für die Zuckertanks: Dieser Mechanismus führt zu den berüchtigten Heißhungerattacken und ist aus verschiedenen Gründen schlecht. Zum einen birgt er die Gefahr, dass wir insgesamt zu viel essen und schnell zunehmen, weil wir so schnell wieder Hunger haben. Zum anderen führt der hohe Gehalt an schnell verwertbarem Zucker im Blut dazu, dass Fett vom Stoffwechsel links liegen gelassen wird. Einfacher für ihn, schwieriger für uns: Die Fettverbrennung wird schwächer, was Sie auf Dauer an Bauch und Hüfte bemerken.

Die Hirnakkus richtig laden

Was den Blutzuckerspiegel langsamer ansteigen lässt, ihn aber auch länger oben hält, sind die komplexen Kohlenhydrate – die Vielfachzucker, die uns beispielsweise Früchte und Gemüse, Pasta, Kartoffeln, Reis und Vollkornprodukte liefern. Sie sorgen dafür, dass über längere Zeit Insulin ausgeschüttet wird und damit auch über einen längeren Zeitraum vermehrt Tryptophan ins Gehirn gelangt und für die Serotoninbildung bereitsteht. Komplexe Kohlenhydrate sind also die deutlich besseren Stimmungsmacher. Nicht nur das: Sie sind auch wesentlich gesünder als die schnellen Einfachzucker in Schokolade & Co.

So locken Sie Ihr Serotonin

Den Stoff, aus dem **das Glück** ist, können wir uns leider nicht löffelweise verabreichen. Denn was an **Serotonin im Essen** steckt, bringt nichts für die Stimmung. Dafür sorgt die **Blut-Hirn-Schranke**, die dem Glücksboten den Weg ins Gehirn versperrt. Diese Tür kann nur seine Vorstufe öffnen – die Aminosäure Tryptophan.

Glücklich schlank

Ist der Serotoninspiegel auf einem hohen Level, sammeln Sie gleich zweimal Pluspunkte. Zum einen erfreuen Sie sich guter Stimmung, zum anderen einer guten Figur. Zwar sind alle unsere körpereigenen Glücksboten wertvolle Begleiter auf dem Weg zum Idealgewicht. Doch Serotonin bietet Ihnen die wirksamste Abnehmhilfe – und zwar langfristig. Wenn Sie Ihren Stimmungsmacher pushen, können Sie dem gefürchteten Jo-Jo-Effekt Adieu sagen.

Um die Produktion von **Serotonin** zu erhöhen, müssen wir mit unserer Nahrung ausreichend **Tryptophan** zu uns nehmen – und zwar in Kombination mit Kohlenhydraten.

Was den Nervenboten zu einem so guten Mitstreiter im Kampf gegen die Pfunde macht, ist allen voran seine Kontrollfunktion in Sachen Heißhunger. Wir wissen heute, dass unser Essverhalten auch durch diesen Neurotransmitter gesteuert wird. Unter anderem übermittelt er dem Gehirn, ob wir schon satt oder noch hungrig sind. Ein hoher Serotoninspiegel sorgt dafür, dass wir früher satt sind und somit weniger essen. Darüber hinaus bekommen wir auch nicht so schnell wieder Lust auf neue Kalorien. Denn sackt der Serotoninspiegel ab, ertönt im Esszentrum des Gehirns der Notruf nach schnellen Kohlenhydraten: nach süß pur. Das kann Ihnen nicht passieren, wenn Sie immer genug vom hausgemachten Appetitzügler parat haben.

Der hält Sie auch noch aus einem anderen Grund vom Naschen ab. Denn nur allzu oft sind es Stress und Frust, die uns schon wieder zum Kühlschrank gehen lassen. Sie rufen laut nach Seelentröstern, möglichst süß und fettig und damit kalorienlastig. Viele Menschen versuchen Ärger und miese Laune mit dem Griff zur Kühlschranktür oder in die Naschschublade abzubauen – wenn auch meist unbewusst. Um sich den Kummerspeck zu ersparen, helfen Ihnen entweder Willensstärke und Disziplin. Oder ein hoher Serotoninspiegel. Denn der sorgt dafür, dass Sie das Frustessen gar nicht nötig haben. Weil Sie ausgeglichen und zufrieden sind. Schließlich bekommen Sie mit Ihren körpereigenen Glücksstoffen zugleich genug Kohlenhydrate ab. Strikte Diätprogramme, die auf wenig bis keine Kohlenhydrate setzen, sind bekanntermaßen wahre Stimmungskiller.

Wenn Sie dagegen essen, was Ihr Serotonin im Gehirn steigert – Kohlenhydrate mit Eiweiß –, fühlen Sie sich satt, bevor Ihr Magen zu voll ist: Sie servieren sich täglich gute Laune und nehmen dabei glücklich ab. Keine schlechte Kombination, oder?

Frohstoffe aus dem Obstkorb

Dass ein Apfel am Tag den Arzt fernhält, wie man schon so lange weiß, hat längst seine wissenschaftlich Bestätigung gefunden: In Obst, und besonders Äpfeln, steckt eine Palette wichtiger Stoffe für unsere Gesundheit.

So sorgen Frucht- und Traubenzucker als leicht verdauliche Kohlenhydrate für den schnellen Energieschub. Ballaststoffe, wie beispielsweise das Pektin, kurbeln die Verdauung an und helfen, Darmkrebs vorzubeugen und einen erhöhten Blutfettspiegel zu senken. Vitamine, besonders Vitamin C, und sekundäre Pflanzenstoffe schützen vor den schädlichen Wirkungen freier Radikale und stärken das Immunsystem.

Extra:

Wichtige Launemacher: Vitamine & Co.

Für das seelische Wohlbefinden spielen auch Vitalstoffe – Vitamine, Mineralstoffe und Spurenelemente – eine große Rolle. Wenn der Körper beispielsweise zu wenig Vitamin B_3 hat, produziert er es selbst – und zwar dummerweise aus Tryptophan. So bleibt weniger für die Bildung des Frohstoffes übrig. Neben den Vitaminen aus der B-Gruppe tragen auch Vitamin C und D zum Stimmungshoch bei. Ebenso wie viele Mineralien und Spurenelemente. Welche, lesen Sie ab S. 70ff.

Außerdem enthält Obst auch viele Gute-Laune-Stoffe. Zwar enthalten Früchte unter den Nahrungsmitteln am wenigsten Tryptophan, aber sie liefern uns wertvolle Kohlenhydrate. Und die sind, wie Sie wissen, ein wichtiger Glücksbaustein.

Was in Obst steckt

Nahrungsmittel à 100 g	Tryptophan	Fett	Kohlenhydrate
Apfel (frisch)	2 mg	0,6 g	11,4 g
Apfel (getrocknet)	12 mg	1,6 g	61,3 g
Avocado	20 mg	23 g	0,4 g
Bananen	18 mg	0,2 g	21,4 g
Datteln (getrocknet)	50 mg	0,5 g	66,1 g
Erdbeeren	15 mg	0,4 g	5,5 g
Feigen (getrocknet)	40 mg	1,3 g	58,2 g
Grapefruit	4 mg	0,2 g	8,9 g
Honigmelone	5 mg	0,1 g	8,3 g
Kastanien/Maronen	30 mg	1,9 g	36,0 g
Kirschen (süß)	8 mg	0,3 g	13,3 g
Mandarinen	4 mg	0,3 g	10,1 g
Orangen	7 mg	0,2 g	9,2 g
Pfirsiche (frisch)	5 mg	0,1 g	8,9 g
Rosinen	5 mg	0,6 g	66,2 g
Weintrauben	4 mg	0,3 g	15,6 g
Zitronen	4 mg	0,6 g	19,8 g

Folgende Obstsorten liefern Serotonin (à 100 g)

- Ananas 2,0 mg
- Avocado 1,0 mg
- Bananen 7,7 mg
- Datteln (getrocknet) 0,8 mg
- Feigen (frisch) 1,3 mg
- Papaya 1,5 mg
- Passionsfruchtsaft 2,5 mg

Lebenslust aus dem Gemüsegarten

Die Vielfalt am Gemüsestand ist immens, neue Importe aus Übersee und Fernost haben die Auswahl noch vergrößert. Und dann sind da noch die »alten Bekannten« aus Großmutters Kochbuch, die seit einigen Jahren wieder zu neuen Ehren kommen – die Schwarzwurzel beispielsweise oder der Mangold.
In all den Blättern, Knollen und Stängeln steckt geballte Heilkraft. Dass die Natur die mit besten Arzneien produziert, bestätigt sich besonders im Gemüsegarten. Welches enormes gesundheitliches Potenzial darin heranwächst, hat die Wissenschaft inzwischen hinlänglich erforscht: Gemüse, Salate, Pilze & Co. versorgen uns mit allem, was wir brauchen, um fit und gesund zu bleiben. Vitamine und Mineralstoffe en gros, dazu reichlich Ballaststoffe. Nicht zu vergessen die sekundären Pflanzenstoffe, die immer mehr ins Interesse der Forschung rücken. Denn sekundär, im Sinne von zweitrangig, sind sie keineswegs – weder für die Pflanzen noch für uns. Für möglichst häufigen Gemüsegenuss spricht noch ein weiteres wichtiges Argument: die Launemacher, die Sie sich mit den Vitalstofflieferanten servieren.
Doch wie lassen sich die guten Gemüsestoffe bei der Zubereitung am besten erhalten? Ist Rohkost angesichts der möglichen Vitamin- und Mineralstoffverluste durch das Kochen nicht gesünder? Letzteres ist schnell geklärt: nicht zwangsläufig. Viele Menschen vertragen ungegarte Gemüse schlecht. Besonders wenn sie abends gegessen werden.
Dafür, dass Vitamine, Mineralstoffe und Kollegen sich nicht vorzeitig verabschieden, sondern im Körper landen, können Sie beim Zubereiten einiges tun. Das Wichtigste dabei ist Tempo: Gemüse nicht lange lagern und schnell verarbeiten. Nur kurz waschen, erst kurz vor dem Zubereiten schnippeln und dann nicht zu lange garen. Am besten ist Dämpfen über kochendem Wasser – und Blanchieren.

Extra:

Bananen: schnelle Powerlieferanten

Bananen sind das ideale Gute-Laune-Futter. Das liegt an der tollen Kombination ihrer Inhaltsstoffe: Kohlenhydrate, viele Vitamine und Mineralstoffe, jedoch kein Fett. Der Zucker der Banane wird vom Körper leicht aufgenommen und versorgt ihn mit Energie. Ideal gegen akutes Schlappsein. Und schlechte Stimmung.
Die krummen Dinger sorgen dafür, dass vermehrt Serotonin im Gehirn gebildet werden kann.

Was in Gemüse und Samen steckt

Nahrungsmittel à 100 g	Tryptophan	Fett	Kohlenhydrate
Bambussprossen	25 mg	0,3 g	0,6 g
Blumenkohl	35 mg	0,3 g	2,3 g
Brokkoli	35 mg	0,2 g	1,9 g
Erbsen	100 mg	1,4 g	22,0 g
Goabohnen	360 mg	16,2 g	7,8 g
Grüne Bohnen	25 mg	0,2 g	3,2 g
Grünkohl	65 mg	0,9 g	1,6 g
Kartoffeln	30 mg	0,1 g	14,6 g
Kichererbsen	160 mg	5,9 g	47,8 g
Knoblauch	65 mg	0,1 g	28,4 g
Limabohnen	300 mg	0,3 g	14,6 g
Linsen	250 mg	1,5 g	12,3 g
Mohn	380 mg	42,2 g	4,2 g
Mungbohnen	380 mg	1,3 g	41,2 g
Petersilienblätter	90 mg	0,4 g	7,4 g
Petersilienwurzel	30 mg	0,5 g	5,4 g
Pfifferlinge (frisch)	50 mg	0,5 g	0,2 g
Rosenkohl	50 mg	0,3 g	2,3 g
Sesamsamen	290 mg	50,4 g	10,2 g
Sojabohnen (Samen)	450 mg	18,3 g	29,2 g
Spargel	25 mg	0,2 g	1,4 g
Spinat	40 mg	0,3 g	0,6 g
Steinpilze	210 mg	0,4 g	0,5 g
Süßkartoffeln	30 mg	0,6 g	2,9 g
Wirsing	30 mg	0,3 g	1,7 g

Viel Fisch auf den Tisch!

»Und Freitag gibt es Fisch« – diese Zeiten sind lange vorbei. Inzwischen kommen die Schuppentiere regelmäßig auf den Tisch. Fisch hat sich voll etabliert. Das ist auch sehr gut so. Denn ob aus salzigen Gewässern oder aus Flüssen, Teichen und Seen: Fisch ist eines unserer wertvollsten Nahrungsmittel. Unter den Schuppen stecken zum einen zahlreiche wichtige Vitamine wie A, D und die der B-Gruppe, Mineralstoffe und Spurenelemente. Zum anderen versorgen uns Süß- wie Salzwasserfische mit leicht verdaulichem Eiweiß. Und, wie die Wissenschaft in den letzten Jahren erkannt hat: Fischfett ist mit das Beste, was wir unserem Körper servieren können. Deshalb empfehlen Ernährungsmediziner, zweimal pro Woche Fisch zu essen. Wer sich fettarm ernähren will, kann auf Magerfische zurückgreifen. Doch auch fettreichere Fische sollten Sie regelmäßig genießen. Denn sie liefern reichlich mehrfach ungesättigte Fettsäuren, allen voran Omega-3-Fettäuren.

Omega-3-Fettsäuren sind essenzielle Nährstoffe für unseren Körper, ebenso unerlässlich wie Vitamin C. Weltweite Studien untermauern das immense Potenzial dieser mehrfach ungesättigten Fettsäuren. Sie bewahren uns vor Erkrankungen, allen voran von Herz und Gefäßen. Darüber hinaus schenken sie uns Lebensfreude. Ein Mangel an Omega-3-Fettsäuren kann seelische Tiefs mitverursachen (S. 64f.) Übrigens steckt auch in pflanzlichen Ölen ein hoher Anteil der wertvollen Fettsäuren. Die wichtigste pflanzliche Omega-3-Fettsäure ist die Alpha-Linolensäure.

Doch Fisch hat noch mehr unter den Schuppen, was der Laune frommt: Besonders Seefisch zählt zu den besten natürlichen Jodquellen. Was die Schilddrüse braucht, dient auch unserem Frohsinn. Gerade im Jodmangelgebiet Deutschland ist es wichtig, auf das Jod zu achten. Bekommt der Körper dauerhaft zu wenig davon, gerät neben der Stimmung auch die Funktion der Schilddrüse aus dem Gleichgewicht.

Extra:

»Fünf am Tag«

Ernährungswissenschaftler empfehlen, fünf Portionen Obst und Gemüse pro Tag zu sich zu nehmen. Dazu müssen Sie nicht jedes Mal in die Küche und schnippeln gehen. Eine solche »Portion« kann ein Glas Orangen- oder Tomatensaft ebenso wie eine Banane sein – das lässt sich auch im Arbeitsalltag umsetzen.

Was in Fisch steckt

Nahrungsmittel à 100 g	Tryptophan	Fett	Kohlenhydrate
Aal	180 mg	24,5 g	0,0 g
Aal (geräuchert)	180 mg	28,6 g	0,0 g
Barsch	220 mg	0,8 g	0,0 g
Bückling	220 mg	15,5 g	0,0 g
Flunder	210 mg	0,7 g	0,0 g
Forelle	240 mg	2,7 g	0,0 g
Garnele	210 mg	1,4 g	0,9 g
Hecht	160 mg	0,9 g	0,0 g
Heilbutt	260 mg	1,7 g	0,0 g
Hering	210 mg	17,8 g	0,0 g
Hering (Bismarckhering)	170 mg	16,0 g	3,2 g
Hummer	120 mg	1,9 g	0,5 g
Kabeljau	240 mg	0,6 g	0,0 g
Lachs	260 mg	13,6 g	0,0 g
Languste	190 mg	1,1 g	1,3 g
Makrele	270 mg	11,9 g	0,0 g
Rotbarsch	200 mg	3,6 g	0,0 g
Sardine	240 mg	4,5 g	0,0 g
Schellfisch	240 mg	0,6 g	0,0 g
Scholle	190 mg	1,9 g	0,0 g
Seehecht	230 mg	2,5 g	0,0 g
Seelachs	190 mg	0,9 g	0,0 g
Seezunge	130 mg	1,4 g	0,0 g
Steinbeißer	150 mg	2,0 g	0,0 g
Tunfisch	300 mg	15,5 g	0,0 g

Fleisch gibt Power

Kälbermastskandal, BSE-Krise, Maul- und Klauenseuche, Antibiotika und Hormone – kein Wunder, dass vielen angesichts dieser Meldungen der Appetit auf Fleisch vergangen ist. Trotzdem sollten wir jedoch nicht vergessen, dass Fleisch ein wertvoller Fit- und Stimmungsmacher ist: Es liefert hochwertiges Eiweiß und ist reich an essenziellen Aminosäuren. Weiterhin enthält Fleisch einiges an Eisen. Mit dem Pluspunkt, dass unser Körper es besser aufnehmen kann als aus pflanzlichen Nahrungsmitteln. Neben Eisen liefert es uns Zink, das das Immunsystem stärkt, und Selen, ein wirksames Antioxidans, das uns vor den schädlichen Effekten freier Radikale schützt. In Fleisch stecken aber auch die Vitamine der B-Gruppe, die so wichtigen Vitalstoffe für unser Nervenkostüm.

Fleisch kann also einen wertvollen Beitrag zur Ernährung leisten. Sofern es in vernünftigen Mengen genossen wird: höchstens zwei- bis dreimal wöchentlich, jeweils nicht mehr als 150 Gramm. Dazu wöchentlich nicht mehr als zweimal Wurst, je maximal 50 Gramm. Immerhin finden sich in einem Stück durchwachsenen Fleisches beachtliche 250 Milligramm Cholesterin, in 100 Gramm magerer Fleischsorten wie Filet immer noch 45 bis 70 Milligramm. Und Cholesterin ist nun mal nicht gerade das Beste für die Gesundheit.

Fleisch wie **Fisch** servieren Sie bitte **ohne fettes** Drumherum wie **Panaden** und **Soßen**. Fisch schmeckt ohnehin am besten mit **hochwertigem Olivenöl** bepinselt und gebraten.

Noch eines: Wohl bei keinem anderen Lebensmittel ist Qualität so wichtig wie bei Fleisch. Wer auf der sicheren Seite sein möchte, sollte Bioprodukte kaufen. Und das muss nicht unbedingt viel teurer sein: Einige Großhandelsketten bieten Fleisch und Wurst in konventioneller wie in Bioqualität an und nutzen dafür die gleichen Vertriebswege. Dadurch hält sich der Preis der Bioware in Grenzen. Pro Kilo müssen Sie etwa einen Euro mehr bezahlen. Ansonsten gilt: Kaufen Sie Fleisch und Wurst bei einem Metzger, dem Sie vertrauen. Ihn können Sie fragen, aus welcher Haltung das Fleisch stammt. Ein guter Metzger wird Ihnen Ihre Fragen beantworten – sofern er nichts zu verbergen hat.

Was in Fleisch steckt

Nahrungsmittel à 100 g	Tryptophan	Fett	Kohlenhydrate
Gans	200 mg	31,0 g	0,0 g
Hammel (Kotelett)	210 mg	32,0 g	0,0 g
Huhn (Brathuhn)	280 mg	9,6 g	0,0 g
Huhn (Brust)	310 mg	6,2 g	0,0 g
Huhn (Leber)	320 mg	4,7 g	6,0 g
Huhn (Suppenhuhn)	230 mg	20,3 g	0,0 g
Kalb (Filet)	350 mg	1,4 g	0,0 g
Kalb (Keule)	280 mg	3,6 g	0,0 g
Kalb (Leber)	310 mg	4,1 g	5,6 g
Kassler	270 mg	7,5 g	0,0 g
Lamm	200 mg	3,7 g	0,0 g
Rind	260 mg	5,3 g	0,0 g
Rind (Leber)	310 mg	3,4 g	6,4 g
Rind (Lende)	290 mg	4,5 g	0,0 g
Rind (Rostbraten)	260 mg	8,1 g	0,0 g
Schwein (Bug, Schulter)	240 mg	16,5 g	0,0 g
Schwein (Filet)	300 mg	2,0 g	0,0 g
Schwein (Kochschinken)	295 mg	3,7 g	0,0 g
Schwein (Kotelett)	300 mg	5,2 g	0,0 g
Schwein (Schnitzel)	300 mg	1,9 g	0,0 g
Truthahn (Brust)	220 mg	1,0 g	0,0 g
Truthahn (Keule)	160 mg	3,6 g	0,0 g

Die Milch macht's

Für uns wie für alle anderen Säugetiere ist sie die allererste Nahrung. Denn Milch enthält alles, was ein neugeborenes Wesen braucht, um groß und stark zu werden. Weshalb das weiße Elixier auch nicht als Durstlöscher, sondern als Nahrungsmittel zu verwenden ist.
Milch ist ein wahres Kraftpaket, vollgepackt mit wichtigen Nährstoffen, allen voran dem hochwertigen Eiweiß. Besonders wertvoll machen es die enthaltenen essenziellen Aminosäuren, insbesondere Tryptophan. Zudem steckt in der Milch leicht verdauliches Fett. Fein verteilt ist es besser bekömmlich und sorgt zugleich dafür, dass die fettlöslichen Vitamine der Milch, wie Vitamin A und D, vom Organismus aufgenommen werden können. Der Milchzucker liefert nicht nur gut verwertbare Kohlenhydrate, sondern hat auch einen günstigen Einfluss auf die Darmflora.
Garniert werden diese Milchstoffe mit einer großen Portion Mineralien und Vitamine, die wichtig für unser Seelenheil sind. Besonders bedeutsam ist der hohe Gehalt an Kalzium. Es sorgt für ein starkes Nervenkostüm wie für stabile Knochen und beugt brüchigen Knochen – der Osteoporose – vor. Weiterhin enthält Milch den Anti-Stress-Stoff Magnesium, der unerlässlich für die Reizweiterleitung an Muskeln und Nerven ist, sowie Jod und Zink. Das eine stärkt die Schilddrüsenfunktion, das andere das Immunsystem; beide leisten beste Dienste für die gute Stimmung. Nicht zu vergessen Kalium und Phosphor und natürlich die Milchvitamine A, B_2, B_6, B_{12} sowie D.
Wählen Sie bei Milch und Milchprodukten »fettarm« – nicht nur der Figur zuliebe. Fettarme Milchprodukte liefern Ihnen weniger Kalorien und dafür mehr Kalzium. Entrahmte Milch, also Magermilch, mit 0,1 bis maximal 0,5 Prozent Fett sollten Sie allerdings besser im Kühlregal stehen lassen. Denn sie enthält nur noch geringe Mengen an fettlöslichen Vitaminen und sie schmeckt auch nicht besonders.

Verdacht auf Laktoseintoleranz?

Was mit jedem Schluck schnell Energie liefert, verträgt nicht jeder: Fehlt ihm ein bestimmtes Enzym, kann der Körper Milchzucker, die Laktose, nicht in Traubenzucker umbauen. Diese so genannte

Laktoseintoleranz macht inzwischen 15 Prozent der Bundesbürger Probleme wie Blähungen, Durchfall und Unterleibskrämpfe. Symptome, die nicht zwangsläufig bei allen Menschen auftreten, denen das Enzym fehlt. Die Hälfte der Betroffenen bemerkt den Mangel nicht einmal. Umgekehrt vermuten viele, die häufig Beschwerden im Verdauungstrakt haben, dass sie an Laktoseunverträglichkeit leiden. Ob zu Recht oder nicht, lässt sich durch eine Milchpause, bei der Sie zwei Wochen lang keine Milch und Milchprodukte zu sich nehmen, herausfinden.
Haben Sie tatsächlich Laktoseintoleranz, hilft nur, Milchzucker zu meiden oder sich milchzuckerarm zu ernähren. In der Theorie einfach, im Alltag schwierig. Denn Milchzucker ist nicht nur in Milch enthalten, sondern auch in vielen anderen Lebensmitteln – von denen Sie das nie vermuten würden. Kritische Kandidaten sind vor allem Fertiggerichte und Süßigkeiten. Entsprechend müssen Sie die Zutatenliste von verpackten Nahrungsmitteln sehr sorgfältig lesen. Stehen da Laktose, Milchzucker, Milchpulver oder Trockenmilch, können Sie die Produkte vergessen. Übrigens sind die Hersteller seit November 2005 gesetzlich dazu verpflichtet, Laktose zu kennzeichnen. Milchzucker wird auch häufig als Trägersubstanz bei Arzneimitteln eingesetzt. Deshalb den Beipackzettel gut studieren und beim Apotheker nachfragen – eventuell können Sie auf andere Präparate umsteigen. Weitere Informationen finden Sie im Internet unter:
www.was-wir- essen.de/infosfuer/laktoseintoleranz.cfm

Was in Milch steckt

Nahrungsmittel à 100 g	Tryptophan	Fett	Kohlenhydrate
Brie (50 % Fett i. Tr.)	340 mg	27,9 g	0,0 g
Butterkäse (50 % Fett i. Tr.)	270 mg	28,8 g	0,0 g
Buttermilch	40 mg	0,5 g	4,0 g
Camembert (50 % Fett i. Tr.)	310 mg	25,7 g	0,0 g

Nahrungsmittel à 100 g	Tryptophan	Fett	Kohlenhydrate
Cheddar (50 % Fett i. Tr.)	290 mg	32,2 g	0,0 g
Dickmilch	50 mg	3,8 g	4,1 g
Edamer (40 % Fett i. Tr.)	400 mg	23,4 g	0,0 g
Emmentaler (45 % Fett i. Tr.)	460 mg	31,2 g	0,0 g
Gouda (45 % Fett i. Tr.)	350 mg	25,4 g	0,0 g
Gruyère (45 % Fett i. Tr.)	420 mg	32,1 g	0,0 g
Hüttenkäse (20 % Fett i. Tr.)	180 mg	4,3 g	2,6 g
Joghurt (3,5 % Fett)	45 mg	3,5 g	4,0 g
Joghurt (1,5 % Fett)	40 mg	1,6 g	4,1 g
Kefir (aus Vollmilch)	50 mg	3,5 g	4,1 g
Limburger (40 % Fett i. Tr.)	310 mg	19,7 g	0,0 g
Magermilchpulver	490 mg	1,0 g	51,5 g
Milch (3,5 %)	45 mg	3,6 g	4,8 g
Milch (1,5 %)	50 mg	1,6 g	4,9 g
Molke (Trockenpulver)	250 mg	1,1 g	4,7 g
Münsterkäse (45 % Fett i. Tr.)	300 mg	22,6 g	0,0 g
Parmesan	490 mg	25,8 g	0,0 g
Quark (20 % Fett i. Tr.)	160 mg	5,1 g	3,6 g
Romadur (30 % Fett i. Tr.)	350 mg	13,7 g	0,0 g
Roquefort	270 mg	30,6 g	0,0 g
Saure Sahne (10 % Fett)	45 mg	10,5 g	3,3 g
Schafskäse (45 % Fett i. Tr.)	240 mg	18,1 g	0,0 g
Schlagsahne (30 % Fett)	35 mg	31,7 g	3,2 g
Vollmilchpulver	350 mg	26,2 g	38,0 g
Ziegenkäse (45 % Fett i. Tr.)	300 mg	21, 8 g	0,0 g

Stärkende Körner für Körper und Seele

Getreide und Getreideprodukte bilden seit Anbeginn der Menschheitsgeschichte das Rückgrat der Ernährung. Denn Körner halten schließlich nicht nur satt, sondern auch gesund. Zunächst stecken unter der Getreideschale reichlich Energiespender, sprich Kohlenhydrate. Darüber hinaus liefert uns Getreide wertvolle Vitamine, Mineralstoffe und Spurenelemente., darunter die »Nervenvitamine« B_1 und B_6, Kalzium und Zink, Eisen und Magnesium. Getreide besitzt zudem einen hohen Anteil an Ballaststoffen, unerlässlich für eine gute Verdauung und einen gesunden Darm.
Die positiven Substanzen findet sich überwiegend in den Randschichten des Korns. Das ist der Grund dafür, warum Sie zu Vollkornprodukten greifen sollten – bei Brot und Backwaren ebenso wie bei Reis oder Nudeln. Denn das volle Korn wird noch langsamer vom Stoffwechsel aufgeschlossen und sorgt somit für einen länger anhaltenden Insulinstrom ins Blut. Was wiederum das Serotonin im Gehirn länger pushen kann.

Was in Getreide steckt

Nahrungsmittel à 100 g	Tryptophan	Fett	Kohlenhydrate
Buchweizen	170 mg	1,7 g	71,0 g
Gerste (ganzes Korn)	150 mg	2,1 g	64,3 g
Hafer (Flocken)	190 mg	7,0 g	63,3 g
Hafer (ganzes Korn)	190 mg	7,1 g	59,8 g
Hirse (geschältes Korn)	180 mg	3,9 g	68,8 g
Reis (Natur, unpoliert)	90 mg	2,2 g	74,1 g
Reis (weiß, poliert)	90 mg	0,6 g	77,7 g
Roggen (ganzes Korn)	110 mg	1,7 g	59,7 g
Weizen (ganzes Korn)	150 mg	1,8 g	61,0 g
Weizenkeime	330 mg	9,2 g	30,6 g

Beste Nervennahrung: Nüsse

Ihr hoher Fett- und damit Kaloriengehalt verschaffte Nüssen eine schlechte Lobby – zu Unrecht. Nüsse sind besser als ihr Ruf: Unter ihrer Schale verbergen sich potente Fitmacher, allerlei hochwertige Nährstoffe, viele Vitamine und Mineralstoffe sowie jede Menge guter Fette. Diese Kombination macht Nüsse zur wirksamen Nervennahrung.

Klar sind die knackigen Kraftpakete nicht eben Leichtgewichte: Eine halbe Tüte Haselnüsse (100 g) liefert Ihnen mit 630 Kalorien den Energiegehalt einer Hauptmahlzeit. Macadamianüsse bestehen sogar zu 72 Prozent aus Fett. Das legt sich aber nicht nur auf die Hüften, sondern kann auch schlechtes Cholesterin im Blut senken.

Mehrfach ungesättigte Fettsäuren stecken auch in Walnüssen in großer Menge unter der Schale. Also öfter mal in Müsli und Joghurt mischen oder einfach so, z. B. in Form des »Studentenfutters«, zwischendurch knabbern. Übrigens können Sie gemahlene Nüsse auch gut zum Backen verwenden und damit Butter oder Margarine reduzieren.

Vermeiden sollten Sie hingegen Nüsse, die mithilfe von Zucker veredelt wurden: Gebrannte Mandeln, dragierte Nüsse oder Nüsse in Schokolade sind durch die Kombination von Zucker und Fett wahre Kalorienbomben.

Was in Nüssen steckt

Nahrungsmittel à 100 g	Tryptophan	Fett	Kohlenhydrate
Cashewnüsse	450 mg	42,2 g	30,5 g
Erdnüsse	320 mg	48,1 g	8,3 g
Haselnüsse	200 mg	61,6 g	10,5 g
Mandeln	170 mg	54,1 g	3,7 g
Paranüsse	170 mg	66,8 g	3,5 g
Walnüsse	170 mg	62,5 g	10,6 g

Geballte Nährstoffe: Eier

Das Hühnerprodukt liefert uns Nährstoffe pur – nicht nur reichlich Eiweiß, sondern auch jede Menge anderer wertvoller Inhaltstoffe, darunter die Aminosäure Tryptophan. Im Dotter stecken Kalzium, Phosphor und Eisen, Natrium und Kalium sowie jede Menge Vitamine: A, B_1 und B_2, D und K.
Was das Ei aber erst zum Kraftpaket macht, ist das Eiweiß. Es ist sehr gut verdaulich und kann vom Körper fast komplett verwertet werden. Übrigens ist der Eiweißgehalt im Eigelb höher als im Eiklar. Das gilt auch für das Fett, das im Eiklar nur in Spuren, im Eidotter dagegen reichlich vorhanden ist.
In jedem Ei steckt aber auch noch etwas weniger Erfreuliches: Cholesterin, im Schnitt 250 Milligramm – die Ration für den ganzen Tag. Mehr gilt als schädlich für die Gesundheit. Das stimmt allerdings nicht uneingeschränkt. Denn es gibt verschiedene Arten von Cholesterin und nicht alle sind schlecht für uns. Im Gegenteil: mehr dazu auf S. 63f.

Warnung vor dem Ei?

Das Bemühen um cholesterinarme Ernährung drängte Eier auf dem Frühstücksbüfett ins Abseits. Wer erhöhte Blutfettwerte hat – wie nahezu jeder zweite Bundesbürger –, sollte auf die Eierspeise besser verzichten. Mehr und mehr jedoch häufen sich mittlerweile aber die Zweifel am Sinn des Eierzölibats. Die American Heart Association, eine der wichtigsten Institutionen zum Schutz der Gesundheit, votiert inzwischen pro Ei: Was an Cholesterin darin steckt, stelle kein Risiko für einen Herzinfarkt dar. Die US-Behörde rät daher, »besser ein Ei pro Tag, als nur drei Eier in der Woche zu essen«. Was sich hinter dieser Kehrtwende verbirgt, ist die Erkenntnis, dass sich bei vielen Menschen der Cholesterinspiegel durch täglich ein oder sogar zwei Eier nicht erhöht. Denn der Löwenanteil des Cholesterins wird nicht vom Körper aufgenommen. Dafür sorgt das Lezithin im Ei: Es hemmt die Aufnahme über die Darmwand und so wird das Cholesterin wieder ausgeschieden. Dazu kommt, dass unser Körper selbst sehr gut weiß, wie viel er wovon braucht. Bekommt er zu viel Cholesterin im Essen serviert, bildet er Stoffe, die den Überschuss rasch beseitigen und darüber hinaus die Neuproduktion stoppen. Das gleiche Pro-

Was in Eiern steckt

Nahrungsmittel à 100 g	Tryptophan	Fett	Kohlenhydrate
Eigelb	290 mg	31,9 g	0,3 g
Eiweiß	200 mg	0,2 g	0,7 g

zedere findet auch andersherum statt: Führen wir zu wenig Cholesterin zu, kurbelt der Körper die hauseigene Herstellung an. Woraus das Phänomen resultiert, dass gerade cholesterinarm Essende ihre erhöhten Blutfette nicht senken können. Nur logisch, denn Versorgungsengpässen wirkt der Körper resolut entgegen.

Wie Sie die Lebensmitteltabellen für den Serotoninpush nutzen können

Wenn Sie sich an den Übersichtstabellen zu den einzelnen Nahrungsmitteln orientieren, können Sie Ihre Ernährung gezielt so zusammenstellen, dass sie die Serotoninbildung ankurbelt. Denn damit das Gute-Laune-Rezept aufgeht, kommt es vor allem auf die Kombination der Zutaten an.

Mit Pellkartoffeln und Kräuterquark beispielsweise erfüllen Sie alle Voraussetzungen, um sich mehr Lebensfreude zuzuführen. Auch Sushi ist ideal: Eiweiß und damit Tryptophan bekommen Sie aus Fisch, die komplexen Kohlenhydrate dazu stecken im Reis. Die Mischung macht's …

Eines der besten Beispiele dafür ist die mediterrane Ernährung. Was in den Ländern rund um das Mittelmeer auf den Tisch kommt, ist überaus gesund und vor allem perfekt dazu geeignet, um sich glücklichzuessen: Lebensfreude und Genuss, garniert mit hohem gesundheitlichem Wert.

Sonne in die Seele: mediterrane Ernährung

Die traditionelle Küche in den Mittelmeerländern liefert alles, was die Seele begehrt – in der optimalen Zusammenstellung. Sie bietet Ihnen die beste Grundlage, um sich gesundzuessen, Ihre Glücksbringer zu füttern und dabei voll auf Ihre kulinarischen Kosten zu kommen. Knackige Gemüse und Früchte, die nach Sonne schmecken, köstliche Pasta und Fisch, dazu ein Glas Rotwein … In der mediterranen Küche gehen Lebensfreude und Genuss mit großem gesundheitlichem Wert Hand in Hand.

Wie gut sich das macht, zeigte sich beim grenzüberschreitenden Topfgucken. In der so genannten »Sieben-Länder-Studie« wurden die Ernährungsgepflogenheiten von sieben europäischen Ländern unter die Lupe genommen. Dabei kam heraus, dass die Mittelmeerbewohner deutlich gesünder sind als die Nordeuropäer. Nicht umsonst wird die traditionelle Mittelmeerkost heute offiziell als Vorsorgemaßnahme empfohlen.

Vielfältig, schmackhaft und gesund

Das enorme Potenzial der mediterranen Küche beruht auf dem Zusammenspiel der Zutaten. Pflanzliche Lebensmittel wie Gemüse, Salat und Obst sowie Brot und Teigwaren machen den Löwenanteil dessen aus, was täglich auf den Tisch kommt. Fisch und Geflügel werden mehrmals wöchentlich, dunkles Fleisch dagegen nur selten serviert. Milch und Milchprodukte wie Joghurt und Käse gibt es täglich, jedoch in mäßigen Mengen. Diese Dosierung gilt auch für Wein, den man regelmäßig, jedoch vorwiegend zu den Mahlzeiten zu sich nimmt. Die Hauptfettquelle ist Olivenöl.

Dass **Pasta dickmacht**, ist inzwischen längst **widerlegt**: Eine kohlenhydratreiche Ernährung liefert **weniger Kalorien** als eine **fettreiche Ernährung**.

Aus dieser Zusammenstellung des Speiseplans ergibt sich eine optimale Nährstoffbilanz – für Körper und Seele gleichermaßen. Mediterran essen bedeutet wenig gesättigte Fettsäuren und Transfette, dafür viele einfach und mehrfach ungesättigte Fettsäuren, besonders Omega-3-Fettsäuren. Aus ernährungswissenschaftlicher Sicht ebenfalls positiv ist der hohe Gehalt an komplexen Kohlenhydraten und Ballaststoffen. Ganz zu schweigen von den vielen Vitaminen und Mineralstoffen sowie Antioxidantien.

Die mediterrane Ernährung schlägt übrigens mit weniger Kalorien zu Buche, als viele meinen. Dass Pasta dickmacht, ist ein Irrglaube – vorausgesetzt, Sie verzichten auf fettreiche Soßen. Ebenso ist das Gerücht falsch, dass Essen am späteren Abend sich negativ auf der Waage auswirkt. Was sich auf Ihren Rippen ablagert, darüber entscheidet nicht die Uhrzeit. Vielmehr zählt einzig die Menge der aufgenommenen Kalorien. Ob Sie Ihr Quantum schon bis zum Nachmittag verspeist haben oder erst am Abend, ist Ihrem Körper einerlei. Wäre das Tafeln nach Sonnenuntergang so schädlich, hätten die Mittelmeerländer nicht so gute Noten im internationalen Gesundheitsranking.

Warum man am Mittelmeer so gesund is(s)t ...

... hat laut Ernährungsexperten folgende Gründe. Die mediterrane Ernährung

- liefert viele ungesättigte Fettsäuren wie Omega-3-Fettsäuren und Omega-9-Fettsäuren aus Olivenöl.
- verbessert die Blutfette, indem sie LDL-Cholesterin und Triglyceride senkt und HDL-Cholesterin erhöht.
- unterstützt den Fettstoffwechsel.
- reduziert die Oxidation von Fetten und damit die Gefahr von Arteriosklerose.
- senkt das Risiko einer Verklumpung der Blutplättchen und damit von Thrombosen.
- wirkt entzündlichen Prozessen entgegen.

La dolce vita

Zwar hat sie weniger mit Essen an sich zu tun, doch auch die viel bewunderte südländische Mentalität spielt bei der Erhaltung der körperlichen und seelischen Gesundheit eine bedeutende Rolle. Zur positiven Lebenseinstellung addiert sich die Geselligkeit. Im Süden wird meist in größerer Runde, mit der ganzen Familie oder im Kreis von vielen Freunden getafelt. Der so wichtige soziale Kontakt wird also auch und besonders bei den täglichen Mahlzeiten gepflegt.

Das richtige Fettnäpfchen

Eben war schon mehrfach von ihnen zu lesen – den einfach oder mehrfach ungesättigten sowie gesättigten Fetten. Fett wird meist

als Stiefkind der Ernährung geschmäht und von den Tellern verbannt. Zu Unrecht, denn Fett ist nicht per se schädlich. Und macht auch nicht zwangsläufig fett. Dickwerden hängt nicht nur vom Fett ab. Dies zeigt sich am Beispiel der USA: Im Eldorado der Low-Fat-Produkte verfettet die Bevölkerung zusehends.
»Fettarm« allein kann es also nicht sein. Wir brauchen Fett. Das komplexe Räderwerk unseres Körpers muss ständig geölt werden – allerdings richtig. Zahlreiche Studien zeigen: Wer das richtige Fettnäpfchen wählt, kann sich gezielt gegen Gesundheitsrisiken wappnen. Und leichter abnehmen. Denn die Fettmenge ist weniger entscheidend für die Gesundheit als die Fettart. Worauf es ankommt, ist, was Sie sich aufs Brot streichen und über den Salat gießen. Dafür spricht – ein Beispiel von vielen – dass man sich gerade dort, wo täglich ordentlich Olivenöl ins Essen kommt, der besten Gesundheit erfreut.

Fett ist nicht gleich Fett

Fett hat unterschiedliche Wirkungen im Körper. Welche, darüber bestimmen lange Ketten von Kohlenstoff- und Wasserstoffatomen, die Fettsäuren. Von ihnen gibt es drei Versionen: gesättigte, einfach und mehrfach ungesättigte.
Gesättigte Fettsäuren sparen Sie sich künftig besser. Vor allem tierische Fette bergen enorme Risiken. Sie erhöhen das schädliche LDL-Cholesterin im Blut und damit die Gefahr für Herz-Kreislauf-Krankheiten. Auch der Fettstoffwechsel gerät aus den Fugen. Die Folge können Übergewicht und Stoffwechselkrankheiten sowie Diabetes mellitus sein.
Was Sie brauchen, sind die guten Fette – die mit den ungesättigten Fettsäuren. Einfach ungesättigte Fettsäuren wie die Ölsäure in Oliven- und Rapsöl verringern das »schlechte« LDL-Cholesterin. Sie schützen Herz und Blutgefäße, beugen Arteriosklerose vor und halten den Stoffwechsel im Gleichgewicht. Vor allem auch den des Gehirns.

Extra:

Finger weg von Transfetten

Transfette entstehen im Stoffwechsel aus so genannten teilgehärteten Fetten. Was unser Körper aus ihnen produziert, ist gesundheitlich höchst bedenklich. Deshalb sollten Sie alles meiden, was viele Transfette enthält. Allen voran Margarine, Knabbergebäck, wie vor allem Chips, sowie Süßwaren. Den höchsten Gehalt an Transfetten haben jedoch frittierte Speisen, besonders Pommes frites.

Mehrfach ungesättigte Fettsäuren haben im Vergleich zu den einfachen mehrere Bruchstellen in ihren Kohlenstoffketten. Weshalb sie unser Körper auch am einfachsten verarbeiten und sofort nutzen kann. Ohne sie in den Fettzellen zu lagern und damit für mehr Pölsterchen zu sorgen. Nicht nur deshalb gelten die mehrfach ungesättigten Fettsäuren heute als die besten aller Fette: Omega-3-Fettsäuren, Alpha-Linolensäure & Co. sind wie Medizin für den Körper. Reichlich in Fischfett, Lein- und Perillaöl enthalten, beugen sie zahlreichen Erkrankungen vor. Denn sie korrigieren schlechte Blutfettwerte – senken das schädliche LDL- und erhöhen das wertvolle HDL-Cholesterin. Und das ist noch nicht alles: Die potenten Fettsäuren senken erhöhten Blutdruck, schützen vor freien Radikalen, wirken entzündungshemmend und sie halten uns bei bester Laune. Denn unsere Nervenzellen unterscheiden sehr genau bei den Fetten. Und das macht sich umgehend an den Neurotransmittern und damit im Gefühlshaushalt bemerkbar.

Gutes und schlechtes Cholesterin

Auf Cholesterin kann unser Körper nicht verzichten. Er benötigt es unter anderem zum Aufbau von Hormonen und verschiedenen Geweben sowie zur Herstellung von Gallensäure. Entsprechend wird Cholesterin auch zu einem gewissen Teil vom Organismus gebildet. Das Problem am Cholesterin ist, dass es zwei Gesichter hat – was uns gesund erhält, gefährdet uns auch. Dieser scheinbare Widerspruch erklärt sich damit, dass dieser Stoff in verschiedenen Verpackung vorkommt. Da Cholesterinmoleküle schlecht wasserlöslich sind, sorgen Verpackungen aus Eiweiß dafür, dass sie einfacher im Blut transportiert werden können – die so genannten Lipoproteine. Diese unterscheiden sich in ihrer Dichte voneinander. Von besonderer Bedeutung für uns sind die Eiweißhüllen niedriger Dichte (low density lipoproteins), kurz LDL, und jene mit hoher Dichte (high density lipoproteins), HDL. Zwei Kürzel, die Sie sich gut merken sollten. Denn sie bestimmen über die Gesundheit unserer Blutgefäße: HDL fördert sie, während LDL ihr schadet.

LDL trägt auf direktem Weg zur Entstehung von Arteriosklerose bei. Wenn zu viel davon im Blut schwimmt, können sich an den Wänden der Blutgefäße gefährliche Ablagerungen bilden. Diese entstehen, wenn Fresszellen – so genannte Makrophagen – die überschüssigen LDL aus dem Blut aufnehmen. Sind diese Aufräumtrupps irgendwann mit Cholesterin überladen, bleiben sie in den Gefäßwänden liegen. Dann wird es gefährlich – nicht selten lebensgefährlich. Denn mit der Zeit sammeln sich immer mehr übersättigte Fresszellen an und engen das Gefäß nach und nach ein. Das gefährdet die Blutversorgung und kann, sobald ein Blutgerinnsel die Arterie vollständig verschließt, zum gefürchteten Infarkt führen.

HDL dagegen ist Cholesterin in seiner nützlichen Verpackung. Es schützt die Blutgefäße, indem es seine abgelagerten schädlichen LDL-Geschwister an sich bindet und zur Leber weitertransportiert. Dort angekommen, wird LDL in Gallensäuren umgewandelt und schließlich via Darm ausgeschieden. Von den HDL-Gefäßstaubsaugern sollten folglich möglichst viele im Blut zur Verfügung stehen.

Wunderwaffen für die Lebensfreude: Omega-3- und andere Fettsäuren

Unser Glück schwimmt: Wasserfest verpackt hinter Schuppen und Flossen und in Gestalt langer Ketten von Fettsäuremolekülen. In Fischöl schweben Omega-3-Fettsäuren, die sich als wirksamer Schutz gegen depressive Verstimmungen erwiesen haben. Eine ausgewogene, kohlenhydratreiche Ernährung mit reichlich Fisch beugt schlechter Laune und Depressionen vor und macht langfristig fröhlicher und ausgeglichener. Dies ist wissenschaftlich verbürgt: Psychologen von der Universität Maastricht haben beispielsweise herausgefunden, dass sich Menschen, die häufig niedergeschlagen sind und an Stimmungsschwankungen leiden, mit dieser Ernährung deutlich besser fühlen. Deutsche Ernährungspsychologen der Universität Göttingen bestätigten diese Befunde. Sie konnten in Studien bereits nach nur einer Woche einen positiven Effekt auf das Gemüt nachweisen.

Dass eine fischreiche Ernährung selbst schwere Depressionen zumindest lindern kann, belegen Studien des US-amerikanischen Forschers Joseph Hibbeln von der Sheffield University. Er verabreichte 70 depressiven Patienten, die auf gängige Antidepressiva nicht angesprochen hatten, hohe Dosen an Omega-3-Fettsäuren.

Bei über zwei Drittel der Patienten besserte sich der Zustand deutlich und die Abstände zwischen den Phasen schwerer Niedergeschlagenheit dehnten sich aus.
Worauf der positive Einfluss der Fischfette auf das Gemüt beruht, ist noch nicht vollständig aufgeklärt. Klar ist aber, dass sich Serotonin und Omega-3-Fettsäuren sehr verbunden sind. Daher treten sie auch gerne im Doppelpack auf: Bei einem Mangel an Serotonin fehlt es häufig auch an Omega-3-Fettsäuren. Umgekehrt konnte an Schweinen nachgewiesen werden, dass der Serotoninspiegel steigt, wenn man ihnen ordentlich Omega-3-Fettsäuren in das Futter mischt.

Gut drauf mit den richtigen Fettsäuren

Die hochgesunden Fischfette helfen einer angeschlagenen Seele aus dem Tief. Das bedeutet: Möglichst oft Fisch essen, um reichlich Omega-3-Fettsäuren abzubekommen. Auf zwei Fischmahlzeiten sollten Sie es pro Woche schon bringen. Die gute Nachricht für Fischverächter: Die froh machenden Fettsäuren gibt es auch pflanzlich und garantiert schuppenfrei, zum Beispiel in Form von DHA-Algen, Lein- und Perillaöl. Außerdem können Sie auch auf Pillen ausweichen: Nahrungsergänzungen mit Omega-3-Fettsäuren helfen, den Bedarf zu decken. Erkundigen Sie sich dazu bei Ihrer Apotheke und lassen sich ein entsprechendes Präparat empfehlen.
Dennoch spricht einiges dafür, viel Fisch zu essen. Unter anderem die Tatsache, dass Fischeiweiß der Fettverbrennung einheizt. Zudem liefert Fisch jede Menge Tyrosin, eine Aminosäure, aus der im Körper die »Schlankmacher« Dopamin und Noradrenalin entstehen. Kaum ein Lebensmittel (Ausnahme: Algen) versorgt uns außerdem so gut mit Jod – dem Treibstoff für den Stoffwechsel und die gute Stimmung (S. 75f.).

Extra:

Frostschutzmittel der Meeresbewohner

Was sich in kalten Fluten tummelt, braucht mehr Fett auf den Gräten – Omega-3-Fettsäuren nämlich. Umso mehr, je niedriger die Wassertemperatur ist. Dass Kaltwasserfische viel Omega-3-Fettsäuren liefern, liegt am oder besser im Plankton. Die winzigen pflanzlichen Meeresbewohner haben in ihren Zellen Omega-3-Fettsäuren, die sie in den arktischen Gewässern vor dem Erstarren bewahren. Speisefische profitieren ebenfalls vom »Frostschutz« aus der Nahrungskette: Indem sie Plankton fressen, nehmen sie Omega-3-Fettsäuren auf und können damit auch in sehr kaltem Wasser geschmeidig bleiben. Was Fische vor Kälte schützt, hält uns wiederum gesund und vor allem glücklich.

Welchen Fisch Sie essen, bleibt Ihnen überlassen. Ob Lachs, Makrele, Sardinen oder Kabeljau, jeder Speisefisch ist wertvoll, nur nicht paniert oder frittiert. Verzehren Sie ihn gegrillt oder gedünstet, am besten mit einer Soße aus Zitronensaft und Olivenöl.

Einen noch stärkeren Fatburnereffekt erzielen Sie mit Krusten- und Schalentieren: Krebs, Garnelen, Hummer, Austern und Co. versorgen uns mit viel Eiweiß und enthalten wenig Fett. Stattdessen schenken sie uns eine Extraportion des Gute-Laune-Boten und Lustmachers Zink (S. 74).

Das süße Glück

Noch ein sehr wirksamer Stimmungsmacher und als solcher wohl weitaus besser bekannt als Schuppentiere ist Schokolade. Sie hebt nicht nur die Laune, sie macht definitiv glücklich. Kakaobohnenpulver in seiner festen Form kann unser seelisches Wohlbefinden spürbar steigern – und das im Handumdrehen. Denn in Schokolade steckt die perfekte Wirkstoffkombination, um die Produktion unserer Glücksboten kräftig anzukurbeln. Naheliegend, dass Millionen von Menschen immer wieder aufs Neue Verlangen danach verspüren.

Inzwischen ist bekannt, weshalb: Theobromin, der Hauptwirkstoff im Kakao, hat eine eindeutig stimmungsaufhellende, anregende und wohltuend-stimulierende Wirkung. Kein Wunder, denn er löst die Freisetzung unserer körpereigenen Luststoffe, der Endorphine aus. Und das kann offensichtlich – Schokoholics wissen dies zu bestätigen – abhängig machen. Ebenso wie ein anderer Kakaostoff, das Phenethylamin. Das Gehirn schüttet davon auch in Kaskaden ins Blut, wenn wir über beide Ohren verliebt sind. Genau dieses tolle Gefühl suchen jene, die sich das süße Glück auf der Zunge zergehen lassen. Nicht umsonst schnellt die Lust auf Schokolade in Zeiten des Trübsinns, so auch bei Liebeskummer, signifikant in die Höhe. Ein weiterer Schokoluststoff ist das Anadamid, das auch in Haschisch und Morphium steckt und unser Glücks- und Lustempfinden steigert. Die in Schokolade enthaltenen Mengen sind allerdings so gering, dass keinerlei Suchtgefahr besteht. Auch die Fette in der Schokolade heben die Stimmung. Sie führen wie das Theobromin zur Ausschüttung von Endorphinen – mit den erwähnten angenehmen Effekten. Zucker wie-

derum bewirkt, dass Tryptophan besser ins Gehirn gelangt und dort die Serotoninbildung anregt.
Viele gute Argumente, die verständlich machen, warum Schokolade für die meisten so unwiderstehlich ist. Natürlich schlägt die süße Lust auch mit einigen Kalorien zu Buche. In Maßen genossen, können Sie den sichtbaren Folgen an Hüften, Bauch und Po jedoch vorbeugen. Hin und wieder ein Stückchen dürfen und sollen Sie sich gerne gönnen.

Genießen ohne Reue ...

Und noch ein Plädoyer für Schokolade: Im Kakao steckt auch viel Gutes für die Gesundheit. Flavanole nämlich, die auch in Rotwein und Tee enthalten und der Grund für deren positive Effekte sind. Die Flavanole schützen vor allem Herz und Gefäße. Sie senken ebenso wie die Polyphenole im Wein den Gehalt an LDL-Cholesterin und wirken sich bei erhöhtem Blutdruck positiv aus. Darüber hinaus haben sie antioxidative Eigenschaften, reduzieren also die schädlichen Effekte freier Radikale.

In den USA wurde bereits eine Schokolade auf den Markt gebracht, die **besonders viele Flavanole** enthält – Naschen mit Nutzwert.

Freuen können sich darüber allerdings nur die Liebhaber von Bitterschokolade – je dunkler die süße Medizin, desto wirksamer. Denn je höher der Kakaogehalt, desto mehr Flavanole hat die Schoko. Milchschokolade ist deshalb wenig empfehlenswert. Nicht nur, weil sie mehr Fett enthält und deshalb mehr Kalorien. Vor allem aber blockiert Milch die Aufnahme der guten Schokostoffe im Körper. Den gleichen Effekt hat übrigens auch ein Glas Milch. Wenn Sie dunkle Schokolade essen, sollten Sie also möglichst keine Milch dazutrinken. Forscher gehen davon aus, dass sich zwischen den Flavanolen im Kakao und bestimmten Eiweißstoffen der Milch Komplexe bilden. Diese können nicht in die Blutbahn aufgenommen werden und sind somit für den Körper nicht zu verwerten. So kann man sich fragen, ob ein italienischer Schokoladenfabrikant die Gesundheit seiner Kundschaft im Auge hatte, als er seine Marke namens »Puro« auf den Markt brachte. Die Kreation besteht aus 100 Prozent Kakao. Sonst nichts, nicht einmal Zucker – bittere Medizin aus der Süßwarenabteilung.

Nicht vergessen: Viel trinken!

Nicht nur Essen und Naschen, sofern es das Richtige ist, macht glücklich. Auch Trinken ist unerlässlich für die Bildung unserer Stimmungsmacher. Ohne genügend Flüssigkeit geht Ihren Gehirnzellen nämlich buchstäblich der Saft aus. Nur wenn Sie genug trinken, halten Sie Ihren Nervenstoffwechsel im Fluss und sich damit bei Laune. Andersherum kann Flüssigkeitsmangel zu mentalen Störungen führen und dazu noch unsere intellektuellen Fähigkeiten beeinträchtigen. Schließlich hilft uns Trinken auch, geistig fit zu bleiben.

Warum Flüssigkeit so wichtig ist, erklärt sich aus der Zusammensetzung unseres Organismus. Er besteht zu über 60 Prozent aus Wasser. Das sagt eigentlich bereits alles: Damit im Körper alles rundläuft, muss permanent Flüssigkeit nachgefüllt werden. Und zwar nicht erst, wenn sich das Durstgefühl einstellt. Denn bis sich dieses einstellt, leidet Ihr Körper bereits unter Flüssigkeitsentzug. Trinken Sie deshalb regelmäßig und auch ohne Durst zu haben. Auf mindestens zwei, besser drei Liter sollten Sie es täglich bringen. Das klingt zunächst nach sehr viel. Doch wenn Sie – mal vorausgesetzt, Sie sind 15 Stunden wach – jede Stunde nur ein Glas trinken, haben Sie Ihr Flüssigkeitssoll bereits erfüllt.

Ausreichend zu trinken ist übrigens auch eines der einfachsten, günstigsten und zugleich wirksamsten Schönheitsmittel. Wird nicht täglich genügend Flüssigkeit zugeführt, wandert das im Hautgewebe gespeicherte Wasser ab ins Körperinnere. Das fortwährende Austrocknen der Haut macht sich schließlich beim Blick in den Spiegel anhand zunehmender Falten bemerkbar. Denn nur prallgefüllte Hautzellen können auch glatt aussehen.

Extra:

Stimulierende Teemischungen

Viele Kräuter wirken ausgleichend und helfen aus einem Stimmungstief. Sie können sie einzeln zubereiten oder mischen. Kaufen Sie die Kräuter in der Apotheke oder in einem Kräuterladen, dort können Sie sie auch mischen lassen. Brühen Sie einen bis zwei Teelöffel Kraut mit heißem, aber nicht mehr kochendem Wasser auf. Lassen Sie den Tee fünf bis zehn Minuten ziehen und trinken Sie davon täglich zwei bis drei Tassen.

- **Gegen Angst und Nervosität**
- **2 EL Melisse, 2 EL Johanniskraut, 1 EL Hopfen, 1 EL Lavendelblüten, 1 EL Rosenblüten**
- **Gegen Niedergeschlagenheit**
- **2 EL Pfefferminze, 2 EL Melisse, 2 EL Rosmarin, 1 EL Bockshornkleesamen**

Doch welche Flüssigkeitslieferanten sind die besten? Die Antwort von Ärzten und Ernährungsexperten lautet: am besten Wasser. Es darf auch gerne Leitungswasser sein. Nichts spricht dagegen, den Bedarf aus dem Hahn zu decken. Schließlich ist das Nass aus der Leitung hier zu Lande das am besten und häufigsten kontrollierte Lebensmittel. Dafür, dass Mineralwasser gesünder sei als Leitungswasser, fehlt jede wissenschaftliche Grundlage. Das Rohwasser, das bei Ihnen zu Hause aus der Leitung läuft, ist Grundwasser. Und kommt häufig genau dorther, wo auch die Quellen der Mineralwässer entspringen.

Es muss nicht immer Wasser sein

■ Bewährtes Sportgetränk

Die gute alte Apfelsaftschorle liefert Ihnen mit der Flüssigkeit wichtige Vitalstoffe gleich mit: Kalium aus den Äpfeln und Natrium. Mischen Sie im Verhältnis ⅓ Apfelsaft mit hohem Fruchtanteil und ⅔ Wasser. Dieses sollte natriumreich sein und im Gegenzug möglichst wenig Kohlensäure enthalten. Alternativ zur Apfelversion eignet sich Johannisbeersaft, er versorgt Sie mit viel Vitamin C.

■ Vitalität aus der Powerknolle

Entschlackt und erfrischt: ein Drink aus zwei Scheiben frischem geschältem Ingwer, in ¼ Liter Wasser für zehn Minuten gekocht und mit einem Schuss frisch gepressten Zitronensaft getrunken.

■ Aus dem Fernen Osten

Vitalisiert und verjüngt: 2 TL Blütenpollen, ½ TL gemahlener Ginseng (beides gibt es im Reformhaus und im Naturkostladen) mit ¼ TL gemahlenen Orangenschalen (unbehandelt) und 2 EL Honig verrühren. In ein Glas Wasser geben und trinken.

■ Grasgrün macht fit

Trinken Sie hin und wieder auch Weizengrassaft, es gibt ihn im Reformhaus in Pulverform zu kaufen und er steckt voller Vitalstoffe: Optimal ist zwei- bis dreimal wöchentlich ein Glas nach dem Frühstück.

Vitalstoffe für die Psyche

Um unsere **Glücksboten** immer in ausreichender Menge produzieren zu können, muss der Körper gut versorgt sein. Besonders wichtig sind dabei **Vitamine**, **Mineralstoffe** und **Spurenelemente**. Sie sind unerlässlich für **zahllose Substanzen** und **viele Reaktionen**, die mit zum Erhalt unseres **seelischen Wohlbefindens** beitragen.

Mikronährstoffe: Elemente des Lebens

Vitamine, Mineralstoffe und Spurenelemente sind so genannte Mikronährstoffe: Substanzen, die der Körper nicht selbst bilden kann und die ihm deshalb über die Nahrung zugeführt werden müssen. Die Bezeichnung Mikronährstoffe bedeutet keineswegs, dass diese Stoffe nicht so bedeutsam für die Gesundheit sind. Im Gegenteil: Mikronährstoffe sind essenziell, also lebenswichtig, werden allerdings nur in kleinen, in Mikromengen, vom Organismus benötigt – daher ihr Name. Auf den folgenden Seiten erfahren Sie Grundlegendes über Vitamine, Mineralstoffe und Spurenelemente.

Mitunter kann es sinnvoll sein, die Vitalstoffdepots **gezielt aufzustocken**. Wenn etwa die emotionale und körperliche **Belastung** höher als üblich ist oder die **Abwehrkräfte** geschwächt sind.

Kennen Sie die »lebenswichtigen Amine«?

Übersetzt bedeutet Vitamin »lebenswichtiges Amin«. Was insofern nicht korrekt ist, als es sich bei diesen Mikronährstoffen keineswegs stets um Amine handelt. Vitamine sind als Enzyme und Coenzyme an zahlreichen Stoffwechselreaktionen beteiligt. Fehlen Vitamine, können diese Vorgänge nicht ablaufen. Entsprechend kann es bei Vitaminmangel zu Störungen im Stoffwechsel und bei völligem Fehlen, abhängig von den Vorräten im Körper, zu schweren Erkrankungen kommen.

Man unterscheidet wasser- und fettlösliche Vitamine. Wasserlösliche Vitamine können ihre Wirksamkeit nur in Verbindung mit Wasser entfalten, ebenso wie die fettlöslichen nur in Verbindung mit Fett wirksam werden. Zu den wasserlöslichen Vitaminen gehören unter anderem die Vitamine der B-Gruppe und Vitamin C; fettlöslich sind die Vitamine A, D und E.

Mineralien: die sechs Elemente unseres Organismus

Mineralstoffe, auch bekannt als Elektrolyte, sind wie die Vitamine unerlässliche Komponenten der Stoffwechselabläufe und Prozesse im Körper. Im Unterschied zu den Vitaminen handelt es sich bei den Mineralien um anorganische Substanzen, genauer um einzelne Elemente und nicht um Verbindungen aus mehreren verschiedenen Elementen. Sechs Mineralstoffe sind bekannt; zwei davon, Kalzium und Magnesium, werden im weiteren Verlauf im Hinblick auf den Alterungsprozess vorgestellt. Außerdem zählen zu den Elektrolyten noch Natrium, Kalium, Chlorid und Phosphor.
Die Aufgaben der Mineralstoffe bestehen zum einen darin, den Säure-Basen-Haushalt unseres Körpers zu regulieren und den Druck von Zellen und Körperflüssigkeiten aufrechtzuerhalten. Zum anderen können Elektrolyte Enyzme fördern oder hemmen und sie sind zur Weiterleitung der Impulse von einer Nervenzelle zur anderen erforderlich.

Spurenelemente: in kleinen Dosen wirksam

Auch Spurenelemente oder Spurenmineralien müssen wir regelmäßig mit der Nahrung aufnehmen – allerdings, wie ihr Name schon impliziert, in vergleichsweise geringen Mengen. Spurenelemente sind Bestandteil vieler Enzyme, Hormone und Eiweiße.

Extra:

Eine Frage des Lebensstils

Der Lebensstil bestimmt über die Bedürfnisse der Körperzellen – Rauchen oder Alkohol beispielsweise lassen den Bedarf in die Höhe schnellen; sie zehren vor allem an den Eisen-, Magnesium- und Zinkreserven. Was den Vitalstoffbedarf noch erhöht:

- **höheres Lebensalter**
- **Schwangerschaft und Stillzeit**
- **chronische Erkrankungen, z. B. Diabetes**
- **regelmäßige Einnahme von bestimmten Medikamenten**
- **einseitige Ernährung**
- **psychischer Stress und emotionale Anspannung**
- **große Mobilität, viele Reisen und häufige Flüge**

Eine Unterversorgung mit Spurenelementen macht sich durch ein Nachlassen der körperlichen und geistigen Leistungsfähigkeit sowie durch ein geschwächtes Immunsystem bemerkbar. Auch wenn sich der Bedarf an Spurenelementen generell einfacher decken lässt als der an Vitaminen, garantiert dies nicht, dass wir stets auch die optimale Menge zu uns nehmen. So sind Selen und Jod hier zu Lande »Mangelware«, ebenso wie die Versorgung mit Zink und Eisen oftmals ungenügend ist. Klarheit über den aktuellen Status quo und ein etwaiges Defizit an Mineralien, Vitaminen und Co. kann Ihnen ein Blutbild bringen.

Magnesium: Balsam für Nerven und Seele

Das Mineral, das Sie so gut wie kein anderer Vitalstoff gegen Stress und dessen Folgen wappnet, brauchen Sie auch zum Austarieren der psychischen Waagschalen. Denn zur Produktion des Glücksboten Serotonin ist unter anderem Magnesium erforderlich.
Sind Ihre Reserven an Magnesium erschöpft, sei es durch übermäßigen Stress oder Krankheiten, merken Sie das schnell durch innere Unruhe, erhöhte Reizbarkeit, Konzentrationsschwäche und schlechten Schlaf. Mehr noch: Magnesiummangel hat nicht selten Depressionen zur Folge. Denn das Powermineral mildert, was die Seele verdüstert: emotionalen Stress durch anhaltende Überforderung, ungelöste Konflikte und andere seelische Belastungen. Nicht umsonst ist Magnesium auch ein wirksamer Herzschutz.

Das **Anti-Stress-Mineral** ist auch ein ideales Betthupferl: 800 Milligramm Magnesium, 30 bis 60 Minuten vor dem Schlafengehen eingenommen, schenkt **wohlige Ruhe**.

Gute Magnesiumquellen

Auf 600 Milligramm Magnesium sollten Sie es täglich bringen. Gute Lieferanten sind alle grünen Gemüse, Obst und Trockenobst wie Rosinen, Datteln, Feigen, getrocknete Aprikosen, Hülsenfrüchte, Milch und Milchprodukte, Nüsse und Samen, vor allem Haselnüsse, Mandeln und Cashewnüsse, Sonnenblumen-, Pinien- und Kürbiskerne, Weizenkeime und Weizenkeimöl, Weizenkleie und Leinsamen, Shrimps und Muscheln, Sojabohnen und -produkte sowie Vollkornprodukte.

Kalzium pflegt Ihr Nervenkostüm

Warme Milch wird schon über viele Generationen hinweg als Schlummertrunk bei Schlaflosigkeit empfohlen. Warum? Weil Milch viel Kalzium enthält. Das beruhigt, umso mehr in Kombination mit Milcheiweißen wie Tryptophan. Denn Kalzium ist einer der wichtigsten Stoffe für die Reizweiterleitung zwischen den Nervenzellen. Befindet sich Ihr Kalziumspiegel im Keller, ist Ihr Nervensystem höchst erregbar. Kurz, Ihre Nerven liegen blank. Sie werden nervös, innerlich unruhig, hochempfindlich und reizbar. Auch Angstzustände verschlimmern sich, wenn zu wenig Kalzium im Blut ist.

Amerikanische Wissenschaftler empfehlen bei **gestörter Nachtruhe** ein Glas Milch mit **zwei Kalziumbrausetabletten** – am besten **30 bis 60 Minuten** vor dem Zubettgehen.

Gute Kalziumquellen

Auf 800 Milligramm Kalzium sollten Sie es täglich bringen. Gute Lieferanten sind grüne Blattgemüse wie vor allem Spinat und Mangold, Brokkoli, alle Kohlarten, Okraschoten, Brunnenkresse, Käse, Milch und Milchprodukte, Nüsse, vor allem Mandeln, Orangen, Bananen, getrocknete Aprikosen und Feigen, Tofu und andere Sojaprodukte, Vollkornbrot sowie Weißfisch, Lachs, Sprotten und Sardinen.

Selen beflügelt die Stimmung

Selen richtet eine geknickte Seele auf. Denn das Spurenelement kurbelt die Herstellung von Schilddrüsenhormonen an. Dass diese aktiv werden können, dafür sorgt ein Enzym mit dem umständlichen Namen Typ-I-Jodthyronin-5-Dejodase: Es baut das Thyroxin in die biologisch aktive Form Trijod-Thyronin um.
Was Sie sich von diesen komplizierten Vorgängen merken sollten, ist, dass dieses Enzym von Selen abhängig ist. Zu wenig Selen bedeutet weniger Schilddrüsenhormone. Weshalb Selenmangel ja auch zu einer Unterfunktion der Schilddrüse führen kann. Aber zurück zu den Hormonen: Sie bewirken bei psychischen Störungen erstaunlich viel Gutes und werden deshalb bereits zur Behandlung von

Depressionen und Manie eingesetzt. Wie neue Studien zeigen, ist diese Therapie sehr erfolgreich (siehe Kasten). Schwimmen hingegen zu wenige Schilddrüsenhormone im Blut, geht das zu Lasten Ihrer Stimmung: Antriebslosigkeit, Depression und Erschöpfung sind klassische Anzeichen einer Schilddrüsenunterfunktion.

Gute Selenquellen

Auf 200 Mikrogramm Selen sollten Sie es täglich bringen. Gute Lieferanten sind Algen, Seefisch und Meeresfrüchte, Bierhefe, Eier, Fleisch, Hülsenfrüchte, Paranüsse, Sonnenblumenkerne und -öl sowie Vollkorngetreide, vor allem ungeschälter Reis (Naturreis).

Sch[illegible]rmone gegen Stimmungsschwankungen

Dass bei einer Unterfunktion der Schilddrüse auch Seele und Denkvermögen leiden, ist schon lange bekannt. Neu hingegen ist die Erkenntnis, dass die Gabe von Schilddrüsenhormonen in hohen Dosen die krankhaften Stimmungsschwankungen bei Manisch-Depressiven ausgleicht. Neuropsychiater an der Berliner Charité haben die Probe aufs Exempel gemacht. Mit Erfolg, wie erste Studien belegen, die in der US-amerikanischen Fachzeitschrift »Neuropsychopharmacology« veröffentlicht wurden: Die Behandlung mit Schilddrüsenhormonen glättet die Wogen des schwankenden Gemüts. Während der Tiefphase, der Depression, aktiviert das Hormon den Intellekt und dämpft die düsteren Emotionen.

Zink nimmt die Schatten von der Seele

Viele der Enzyme, die unsere Nervenbotenstoffe zusammenbauen, benötigen Zink. Das Spurenelement regelt aber auch die Freisetzung der Neurotransmitter aus den Nervenzellen mit. Dass eine der vielen Einsatzgebiete von Zink die Psychiatrie ist, erstaunt deshalb nicht. Zumal Zink auch für den Stoffwechsel der Schilddrüsenhormone enorm bedeutsam ist. Und eine aktive Schilddrüse hält das Stimmungsbarometer oben.

Verfügen Sie also über zu wenig Zink, kann das Gehirn seine Botenstoffe nicht mehr in ausreichender Menge herstellen. Das stört den Informationsfluss empfindlich und bringt die Seele aus dem Gleichgewicht. Zink hat also einen direkten Draht zur Psyche: Störungen im Zinkhaushalt wirken sich unmittelbar auf unser Gehirn aus. Wird der Mangel nicht behoben, geht es an die Psyche: Reizbarkeit, erhöhte Aggression, Depressionen und Antriebsschwäche sind klassische Symptome für einen Zinkmangel. So werden bei Patienten mit Depressionen oftmals niedrige Zinkwerte festgestellt – je schwerer die Depression, desto weniger Zink findet sich im Blut. Ein Ausgleich des Zinkmangels bringt die entgleiste Psyche wieder ins Lot. Übrigens ist Zink auch unerlässlich für ein schlagkräftiges Immunsystem. Besonders in den Wintermonaten sollten Sie es in ausreichender Menge zuführen, um sich gegen Krankheitserreger zu schützen. Lassen Sie den Zinkspeicher im Körper also erst gar nicht leer werden.

Gute Zinkquellen

Auf 50 Milligramm Zink sollten Sie es täglich bringen. Gute Lieferanten sind Bierhefe, Brokkoli, Eier, Fische und Meeresfrüchte wie vor allem Austern, Fleisch und Innereien, Milch, Käse und andere Milchprodukte wie vor allem Joghurt, Nüsse, Kürbis- und Sonnenblumenkerne, Roggen- und Weizenkeime, Weizenkleie und Haferflocken sowie Vollkornprodukte.

Zu wenig Jod trübt die Laune

Jod ist die Turbine der Schilddrüse: Es ist unerlässlich zur Bildung der Schilddrüsenhormone. Ein Mangel führt unweigerlich zur Unterfunktion der Hormonfabrik. Und damit ins Stimmungstief. Antriebsschwäche, Abgeschlagenheit, Depression und herabgesetzte Hirnleistung sind einige der vielen Alarmzeichen dafür, dass Ihnen Jod fehlt. Damit befinden Sie sich zwar in bester Gesellschaft – rund ein Drittel der Bundesbürger sind davon betroffen –, doch das darf Sie keineswegs trösten. Jod ist Dreh- und Angelpunkt des Stoffwechsels. Und deshalb spüren Sie nicht nur psychisch, wenn Ihren das Spurenelement fehlt. Jodmangel macht auch müde und antriebslos. Zudem sorgt er dafür, dass sich überflüssige Pfunde hartnäckiger halten.

Extra:

Wirksam bei PMS: Kalzium und Magnesium

Die »Tage vor den Tagen« können Sie sich durch die Einnahme von täglich 600–1300 Milligramm Kalzium und 600 Milligramm Magnesium erleichtern. Stimmungslage und körperliche Beschwerden wie Brustspannen, Wassereinlagerungen und Heißhungerattacken bessern sich damit deutlich. Gleiches bewirkt Magnesium allein: 360 Milligramm Magnesium, zwei bis vier Monate lang täglich eingenommen, lassen die klassischen Symptome des PMS spürbar zurückgehen.

Gute Jodquellen

Auf 200 Mikrogramm Jod sollten Sie es täglich bringen. Gute Lieferanten sind Eier, jodiertes Speisesalz, Lebertran, Milch und Seefisch. Sie können Ihnen wesentlich mehr von dem Spurenelement liefern, als dies Süßwasserfische tun.

Die besten Mineralstofflieferanten von A bis Z

- Algen: Selen
- Artischocken: Zink
- Austern: Zink
- Bananen: Kalium und Magnesium
- Bierhefe: Selen und Zink
- Brokkoli: Zink
- Edelpilzkäse: Jod
- Eier: Selen und Zink
- Geflügel: Chrom und Zink
- Grüner Salat und alle grünen Gemüse: Magnesium
- Hartkäse (Parmesan, Bergkäse): Chrom, Jod, Kalzium und Zink
- Hirse: Magnesium
- Hülsenfrüchte: Magnesium, Selen und Zink
- Hüttenkäse: Kalzium
- Innereien: Zink
- Joghurt: Kalzium und Zink
- Kokosnuss: Selen
- Krabben: Jod
- Kürbis- und Sonnenblumenkerne: Magnesium und Zink
- Leber: Zink
- Leinsamen: Magnesium
- Meeresfrüchte: Magnesium, Selen und Zink
- Milch: Kalzium und Magnesium
- Milchprodukte (fettarm): Kalzium und Magnesium
- Mozzarella: Kalzium
- Naturreis: Magnesium
- Nüsse: Kupfer, Magnesium, Mangan, Selen und Zink
- Olivenöl: Magnesium
- Paranüsse: Selen
- Reis: Magnesium
- Rindfleisch: Zink
- Sauerkrautsaft: Jod
- Schwarzer Tee: Chrom und Mangan
- Seefisch (Schellfisch, Scholle): Jod, Selen und Zink
- Sojabohnen: Kalium, Magnesium, Mangan, Selen und Zink
- Sonnenblumenkerne und -öl: Kupfer, Magnesium und Selen
- Trockenobst: Magnesium
- Vollkorngetreide: Magnesium, Selen und Zink
- Weizenkeime: Magnesium und Mangan
- Weizenkleie: Mangan, Selen und Zink

B-Vitamine: Rückenwind für die Seele

Die Vitamine der B-Gruppe sind besonders wichtig für unser seelisches Gleichgewicht: Sie sorgen für eine positive Stimmung und gute Nerven. Bei depressionsanfälligen Menschen können sie sogar dazu beitragen, dass die Erkrankung ausbricht.

Vitamin B_6

Dem auch Pyridoxin genannten Vitamin B_6 kommt besonders im Stoffwechselgeschehen des Gehirns große Bedeutung zu: Es reguliert das Gleichgewicht der Neurotransmitter und erhöht deren Konzentration, insbesondere von Noradrenalin, Dopamin und Serotonin – mit ein Grund dafür, dass Vitamin B_6 bei psychischen Erkrankungen mit großem Erfolg Anwendung findet.
Ab dem 40. Lebensjahr steigt der Bedarf an Vitamin B_6, da der Körper es nicht mehr wie in jüngeren Jahren aus der Nahrung aufnehmen kann: Ältere Personen benötigen rund 20 Prozent mehr davon als junge Menschen. Empfohlen werden deshalb für Frauen als Männer ab dem 40. Lebensjahr Dosierungen von 30 bis 50 Milligramm täglich.

Gute Vitamin-B_6-Quellen

Gute Lieferanten für Vitamin B_6 sind unter anderem Avocados, Bananen, Fisch und Meeresfrüchte, Geflügel, Hülsenfrüchte, Kartoffeln und Süßkartoffeln, alle Kohlarten, Nüsse, vor allem Walnüsse, Sojabohnen, Paprika, Reis sowie Weizenkeime und Weizenkeimöl.

Vitamin B_{12}

Vitamin B_{12}, auch Cobalamin genannt, ist eine herausragende Komponente unseres Nervensystems, ohne die das Gehirn und die Nervenzellen nicht adäquat arbeiten können. Das Problem ist nun, dass Vitamin B_{12} mit zunehmendem Alter immer schlechter aus der Nahrung aufgenommen werden kann. Denn der Magen sondert immer weniger Säure sowie ein Protein, den »intrinsic factor«, ab, welche die Aufnahme von Vitamin B_{12} ermöglichen. Dies hat zur Folge, dass Menschen über 60 Jahre ein gesteigertes Risiko für Vitamin-B_{12}-Mangel und insofern für nachlassende Hirnleistung haben.

Die tägliche Dosis, die Sie aufnehmen sollten, liegt bei einem Mikrogramm (nicht verwechseln mit Milligramm).
Gute Vitamin-B_{12}-Quellen sind Algen, Bier, fettreiche Fische wie Aal, Lachs, Tunfisch und Hering, Geflügel, Milch und Milchprodukte, Rind- und Kalbfleisch, Leber und Pilze.

Folsäure (Vitamin B_9)

Besonders wichtig ist Folsäure für Frauen mit Kinderwunsch, da es Missbildungen des Fötus verhindert. Außerdem ist es für die Produktion der Glücksbotenstoffe unerlässlich. So gehen Depressionen, Hirnleistungsstörungen sowie ein schlechtes Gedächtnis und Konzentrationsschwäche sehr häufig mit einem Folsäuremangel einher. Bei Erhöhung der Folsäurezufuhr bessern sich diese Beschwerden. Der Grund dafür ist, dass Folsäure Homocystein reduziert, das auch als Nervengift agiert, indem es mit zum Absterben von Gehirnzellen beiträgt.
Empfohlen werden 0,4 Milligramm Folsäure täglich. Sollten Sie mit der Pille verhüten, empfiehlt es sich, die Dosis auf 0, 5 Milligramm pro Tag zu erhöhen, denn ein hoher Spiegel an Östrogenen hemmt die Aufnahme von Folsäure über die Dünndarmschleimhaut.
Gute Folsäurequellen sind Bierhefe, Brokkoli, Brunnenkresse, grüne Blattgemüse wie Spinat und Mangold, grüne Salate wie Endivien, Hülsenfrüchte, Kohl, Leber, Milch, Nüsse, Petersilie, Rote Beete, Sojabohnen, Tomaten, Vollkornprodukte, Weizenkeime sowie Zitrusfrüchte.

Vitamin C ist ein Multitalent: Es **stimuliert** das **Immunsystem**, ist ein hochwirksames **Antioxidans** und gilt als **»Schutzengel«** gegen Herz-Kreislauf-Krankheiten und Krebs.

Vitamin C für ein fittes Immunsystem

Vitamin C ist ein richtiges Multitalent, das den Körper vor den schädlichen Wirkungen freier Radikale bewahrt, das Immunsystem stählt und vor Krebs- und Herzerkrankungen schützt. Außerdem ist es unerlässlich für die Arbeit der Botenstoffe und Nerven. Fehlt es, können unsere Glücksboten nur halb so wirksam sein.
Als Frau brauchen Sie täglich 300 und als Mann 400 Milligramm.

Da Vitamin C wasserlöslich ist und nicht gespeichert wird – ein etwaiger Überschuss wird vom Organismus wieder abgesondert –, müssen Sie es regelmäßig zuführen. Am besten in mehreren »Häppchen« über den Tag verteilt.

Gute Vitamin-C-Quellen sind alle Beeren, Brokkoli, Chilischoten, Guaven, Hagebutten, Kartoffeln und Süßkartoffeln, Kiwis, alle Kohlarten, Lauch, Mangold, Papaya, Paprika, Petersilie, Sanddorn, Sauerkraut, Spargel, Spinat, Tomaten und Tomatensaft, Zitrusfrüchte und Zwiebeln.

Radikalfänger Vitamin E

Vitamin E, das schon seit Längerem als »Fruchtbarkeits- und Libidovitamin« von sich reden macht, ist sehr vielseitig. Sein Wirkspektrum beruht überwiegend auf seiner Eigenschaft als Radikalfänger. Auch wenn neuere Studien vor übertriebenen Erwartungen warnen, scheint Vitamin E uns zu helfen, besser mit den schädlichen Effekten von Stress umzugehen, und Stimmungsschwankungen auszugleichen. Es aktiviert die Funktionen der Zellen des Immunsystems und kann sie reaktivieren, falls sie nachgelassen haben. Vitamin E wird auch zur Vorbeugung von Krebs geschätzt: In der richtigen Menge eingenommen, setzt es das Risiko für bösartige Tumoren deutlich herab. Als Radikalfänger wirkt das Vitamin zudem einer Reihe gefährlicher Komplikationen bei Diabetes entgegen – vor allem Thrombosen und Blutgerinnseln in den Gefäßen. Gute Vitamin-E-Quellen sind Avocados, Brokkoli, Eier, Fischöle, grüne Blattgemüse, Grünkohl, Innereien, Leinsamen, Meeresfrüchte, Nüsse wie vor allem Mandeln und Haselnüsse, Pflanzenöle wie Weizenkeim-, Soja- und Olivenöl, Pinienkerne, Schwarzwurzeln, Sojaprodukte, Sonnenblumenkerne, Süßkartoffeln und Weizenkeime.

Extra:

Kennen Sie den Pepper-High-Effekt?

»Sauer macht lustig«, heißt es im Volksmund. Sicher ist, dass scharf glücklich macht. Ein feuriges indisches Curry, ein scharfes chinesisches Wokgericht oder italienische Pasta all' arrabiata geben der Stimmung einen Kick. Was an den Chilis und Peperoni liegt – genauer gesagt an deren superscharfem Wirkstoff Capsaicin. Er heizt uns ziemlich ein, indem er auf der Zunge einen brennenden Schmerzreiz auslöst. Das führt zur Ausschüttung von Endorphinen, die dafür sorgen, dass man sich rundum gut fühlt: leicht euphorisch und fröhlich. Experten bezeichnen das als Pepper-High-Effekt.

Leckere Rezepte für gute Laune

Anhand der Lebensmitteltabellen können Sie sicher problemlos Ihre eigenen **Gute-Laune-Rezepte** zusammenstellen. Nachfolgend haben wir ein paar Rezepte für Sie kreiert, die Ihnen als **Anregung** dienen sollen. Kochen Sie diese nach oder probieren Sie Variationen aus. In jedem Fall **viel Freude** beim Zubereiten – und **guten Appetit**!

Frühstücksgerichte und Snacks

Die Zutaten für die Frühstücks- und Snackrezepte sind jeweils für eine Person berechnet.

Easy Omelett

ZUTATEN
5–6 Cocktailtomaten
1 Hand voll Spinat
½ Bund Petersilie
2 Eier
½ TL Kräutersalz
1 EL Ghee (geklärtes Butterfett, Reformhaus) oder Butter

Cocktailtomaten vierteln, Spinat waschen und abtropfen lassen, Petersilie fein hacken. Die Eier verquirlen und alle Zutaten mischen. Mit etwas Kräutersalz würzen.
Das Fett in einer Pfanne bei mäßiger Hitze schmelzen lassen. Die Masse in die Pfanne gießen und stocken lassen, wenden und von der anderen Seite ebenfalls stocken lassen. Sofort servieren.

Tipp

Ghee ist geklärte Butter und stammt aus der ayurvedischen Küche. Es ist besonders gut verdaulich. Sie können es im Reformhaus kaufen oder selbst herstellen:
Für 750 g Ghee schneiden Sie 1 kg Butter in Würfel und lassen sie in einem großen Topf bei geringer Hitze langsam schmelzen. Öfter umrühren. Wenn die Butter geschmolzen ist, Hitze erhöhen und kurz aufkochen lassen. Dann für ca. 30 Minuten bei schwacher Hitze köcheln lassen. Das Ghee ist fertig, wenn es eine goldbraune Farbe hat und leicht nussig riecht. Abseihen und abkühlen lassen.

Power Müsli

ZUTATEN
- 3 gehäufte EL Haferflocken
- 1 EL Weizenkleie (oder 1 TL Haferkleie oder Leinsamen)
- ca. 150 ml naturtrüber Apfelsaft
- 1 Apfel
- Saft von ½ Zitrone
- ½ Banane
- 1 gehäufter EL Nussmischung (Walnuss, Haselnuss, Mandeln)
- 2–3 EL Joghurt
- 1 gehäufter TL Honig oder Ahornsirup

Haferflocken und Weizenkleie mindestens 20 Minuten im Apfelsaft einweichen.
Den Apfel klein schneiden oder raspeln und sofort mit dem Zitronensaft mischen.
Banane in Scheiben schneiden.
Sämtliche Rezeptzutaten mischen. Dabei eventuell etwas Apfelsaft abgießen, damit das Müsli nicht zu wässrig wird.

Tipp

Bei der Auswahl des Obstes haben Sie freie Wahl. Es passen zum Beispiel auch Weintrauben, Kiwis, Orangen, Mandarinen … je nach Geschmack und Jahreszeit. Natürlich können Sie auch verschiedene Obstsorten mischen.

Wenn der kleine Hunger kommt

Folgende Snacks eignen sich ideal für zwischendurch:

- eine Banane
- frische oder getrocknete Datteln
- einige Scheiben frische Ananas
- eine Hand voll Trauben mit 100g Hüttenkäse
- eine Schale Magerquark, mit etwas Milch cremig gerührt und mit Honig und Zimt abgeschmeckt. Für die pikante Version geben Sie etwas Salz, eine Messerspitze Senf und frische, gehackte Kräuter dazu.
- einige Scheiben Honigmelone, garniert mit magerem rohem Schinken
- ein bis zwei Scheiben Räucherlachs, dazu Vollkornbrot
- eine Scheibe Vollkornbrot, gebuttert und mit etwas Kaviar (muss kein echter sein …) belegt

Bananenbrei

ZUTATEN
2 Bananen
1 EL Haferflocken
1 TL Ahornsirup oder Honig
Saft von ½ Zitrone
2 EL Quark oder Joghurt

Die Bananen grob zerkleinern und im Mixer oder mit einem Pürierstab pürieren. Mit allen anderen Zutaten mischen.

Tipp

Der Bananenbrei schmeckt auch warm. Dafür nehmen Sie jedoch nur 1 EL Quark oder Joghurt und mischen das Ganze mit ca. 75 Milliliter erhitzter Milch.

Kleine Käseplatte

ZUTATEN
3 Käsesorten à 30 g (z. B. Camembert, Cheddar, Edamer, Emmentaler, Gouda)
1 Hand voll Weintrauben
3–5 getrocknete Datteln
1 Hand voll gehackte Walnusskerne
1 Scheibe Vollkornbrot

Käse in mundgerechte Stücke schneiden. Trauben waschen und trocken tupfen, Datteln halbieren.
Alles auf einem Teller anrichten und mit gehackten Walnusskernen bestreuen.
Dazu das Vollkornbrot essen.

Tipp

Wenn Sie schwanger sind, sollten Sie keinen Rohmilchkäse verzehren. Denn dieser wird aus unbehandelter Milch hergestellt. Das bedeutet, dass wegen der fehlenden Pasteurisierung noch Keime darin enthalten sein können, die bei Schwangeren unter Umständen riskant werden.

Info: Gesunder Snack

Ein Obstteller passt zu jeder Tageszeit. Die Auswahl der Sorten bleibt dabei ganz Ihnen überlassen. Richten Sie das gewaschene und zerkleinerte Obst auf einem Teller an und streuen Sie nach Belieben noch ein paar Nüsse darüber. Dazu Kuchengabeln und Servietten, so kann sich jeder bedienen.

Fruchtiger Hüttenkäse

ZUTATEN
Obst nach Geschmack (z. B. Papayas, Bananen, Feigen)
250 g Hüttenkäse
1 TL Ahornsirup

Das Obst schälen bzw. waschen und klein schneiden. Mit Hüttenkäse und Ahornsirup mischen und servieren.

Tipp

Für die herzhafte Variante mischen Sie den Hüttenkäse mit Kräutern und klein geschnittenen Gurken, Tomaten, Schinkenstreifen … ganz nach Geschmack.

Starten Sie gut gelaunt in den Tag

Hier noch einige Ideen für ein Frühstück, das Laune macht:

- Drei Tofuwürstchen kurz in der Pfanne in Distelöl anbraten. Dazu ein Spiegelei, salzen und pfeffern und mit einem Vollkorntoast servieren.
- 50 Gramm Roastbeef, ein gekochtes Ei (in Scheiben geschnitten), je eine Gewürzgurke und eine Tomate (jeweils in Scheiben geschnitten) 1 TL Sauerrahmbutter. Alls auf einem Teller anrichten und dazu einen Vollkorntoast servieren.
- 50 Gramm Hühnerleber zusammen mit Apfelscheiben und einer halben gehackten Zwiebel kurz in der Pfanne in Öl anbraten. Salzen und pfeffern und mit einer Scheibe Vollkornbrot servieren.
- Eine reife, halbe Avocado auslöffeln und mit einer Gabel zermusen. Pfeffer, Salz und etwas Zitronensaft dazu, gut verrühren und zu einem Vollkornbrot essen.
- 50 Gramm Räucherlachs oder geräuchertes Forellenfilet, etwas geriebenen Meerrettich (ggf. mit etwas süßer Sahne vermengt) und dazu eine Scheibe Vollkorntoast.
- 50 Gramm Flusskrebsfleisch mit Zitronensaft beträufeln, leicht salzen und mit einem Vollkorntoast servieren.

Als Getränk gönnen Sie sich morgens Kaffee oder Tee, mit Milch oder Sahne, allerdings ohne Zucker. Bei Bedarf mit wenig Rohrohrzucker oder einem anderen Süßmittel (z. B. Birnendicksaft oder Ahornsirup) süßen.

Hauptgerichte

Diese Rezepte sind für ein Mittagessen ebenso gut geeignet wie als Abendessen. Sie sind jeweils für zwei Personen berechnet.

ZUTATEN
2 Hühnerbrüste
1 Knoblauchzehe
5 EL Kokosmilch
1 TL Pesto
2 EL Olivenöl
2 EL Gemüsebrühe
1 EL Honig
1 Msp. Cayennepfeffer
20 g Sesam

Hühnerbrust mit Sesam

Den Backofen auf 200 °C vorheizen. Die Hühnerbrüste waschen und trocken tupfen. Den Knoblauch hacken.
Kokosmilch mit Pesto, Knoblauch, Öl, Brühe, Honig und Cayennepfeffer verrühren.
Eine Auflaufform mit Öl ausstreichen und die Hühnerbrüste nebeneinander hineinlegen. Mit der Soße begießen und mit Alufolie bedecken. Mindestens 20 Minuten im Ofen garen.
Nach der Hälfte der Backzeit die Alufolie entfernen und das Ganze mit Sesam bestreuen.

Tipp
Dazu passen Naturreis und grüner Salat.

ZUTATEN
300 g Kalbsschnitzel
1 TL gekörnte Gemüsebrühe
1 EL Vollkornmehl
1 EL Rapsöl
50–70 g gemahlene Mandeln
1 Msp. Zimt
1 EL Crème légère
150 ml Rotwein

Raffinierte Kalbsschnitzel

Das Fleisch leicht klopfen. Mit der Gemüsebrühe einreiben und eine Seite der Schnitzel mit Mehl bestäuben.
Das Rapsöl in einer Pfanne erhitzen und die Schnitzel darin von beiden Seiten 3 Minuten braten. Danach langsam 30 Milliliter Wasser dazugießen und 10 Minuten köcheln lassen.
Fleisch aus der Pfanne nehmen und warmstellen. Die Mandeln in die Pfanne geben und heiß werden lassen. 4 bis 5 EL Wasser hinzufügen und kurz aufkochen lassen. Zimt, Crème légère und Rotwein einrühren.
Schnitzel wieder in die Pfanne geben, alles einmal kurz (!) aufkochen lassen und sofort servieren.

Tipp
Dazu passen Gurken- oder Tomatensalat und Kartoffelpüree – mit fettarmer Milch und ohne Butter.

Lachsrouladen

ZUTATEN
250 g Erbsen (tiefgekühlt)
ca. 400 g Lachsfilet
2 Scheiben Serrano- oder Parmaschinken
4 EL Olivenöl
100 g frischer Spinat
1 Knoblauchzehe
1 EL gehackte Minze
1 EL gehacktes Basilikum
1 gehäufter TL Créme légère
1 TL Zitronensaft
1 TL Kräutersalz

Die Erbsen aus der Kühltruhe nehmen und auftauen lassen.
Lachsfilets in den Schinken wickeln und aufrollen. Mit etwas Olivenöl einpinseln und im vorgeheizten Ofen bei 220 °C etwa 15 Minuten braten.
Spinat waschen, Wasser zum Kochen bringen, darin den Spinat eine halbe Minute blanchieren. Abgießen, mit kaltem Wasser abschrecken und klein schneiden.
Den Knoblauch pressen. In einer Pfanne das restliche Olivenöl heiß werden lassen. Den Knoblauch und nach kurzer Zeit den Spinat und die Erbsen dazugeben. Etwa 5 Minuten unter Rühren erhitzen, dann Minze, Basilikum, Créme légère und Zitronensaft und Kräutersalz zufügen.
Den Spinat mit den Rouladen servieren.

Tipp

Dazu passen Süßkartoffeln mit Rosmarin.

Forelle in Dickmilch mit Polenta

ZUTATEN
2 Forellen
5 EL Olivenöl
2 Knoblauchzehen
1 EL gehackter Estragon
1 EL gehackter Dill
500 g Dickmilch
1 TL Salz
125 g Polenta (Maisgrieß)
1 TL Butter

Fisch waschen, eventuell putzen und trocken tupfen. Das Öl in einer Pfanne erhitzen, darin die Forellen auf beiden Seiten jeweils 3 bis 4 Minuten braten.
Den Knoblauch pressen und zusammen mit den Kräutern in die Dickmilch rühren.
Den gebratenen Fisch in eine Form geben und mit der Dickmilchmischung bestreichen. Für mehrere Stunden in den Kühlschrank stellen.
Für die Polenta ½ Liter Salzwasser erhitzen. Den Maisgrieß unter ständigem Rühren in das kochende Wasser einrieseln lassen. Dann die Hitze reduzieren und die Polenta 10 bis 15 Minuten unter ständigem Rühren garen. Sie soll etwa die Konsistenz von Kartoffelpüree haben, wenn sie zu fest wird, einfach einen Schuss kochendes Wasser hinzugeben. Zum Schluss die Butter unterrühren.
Polenta mit den Forellen servieren. Statt der Forelle können Sie auch einen Saibling verwenden. Auch Renken eignen sich; sie sind allerdings nur im süddeutschen Raum erhältlich.

Kabeljaufilets mit Champignonsoße

ZUTATEN
2–4 Kabeljaufilets (frisch oder tiefgekühlt)
Salz
Pfeffer
5 EL Olivenöl
1 Zwiebel
1 Möhre
200 g frische Champignons
1 EL Ghee (geklärtes Butterfett, Reformhaus)
1 EL Vollkornmehl
200 ml Gemüsebrühe
1 Bund Petersilie
1 Bund Schnittlauch
Saft von 1 Zitrone

Die Kabeljaufilets waschen, trocken tupfen und mit Salz und Pfeffer einreiben. In einer beschichteten Pfanne das Olivenöl erhitzen und die Filets darin bei mittlerer Hitze von beiden Seiten etwa zwei Minuten braten.
Die Zwiebel schälen und fein hacken. Die Möhre schälen und würfeln. Die Pilze abreiben und in Scheiben schneiden.
Ghee in einem Topf langsam schmelzen lassen, darin die Zwiebeln anbraten. Möhren und Champignons dazugeben, das Vollkornmehl darüberstreuen und alles unter Rühren anrösten. Gemüsebrühe darübergießen und kräftig umrühren. Hitze reduzieren und alles zugedeckt 10 Minuten köcheln lassen.
Petersilie und Schnittlauch waschen, trocken tupfen und hacken. Zusammen mit dem Zitronensaft unter das Gemüse rühren. Gemüse über den Fisch gießen und servieren.

Tipp

Dazu passen Pellkartoffeln und gemischter Salat. Statt Kabeljau eignet sich auch Thunfisch. Kaufen Sie daumendicke Steaks, die Sie vor dem Zubereiten in etwas Sojasoße mit Zitrone oder einfach pur in Zitronensaft marinieren.

Linguini Adria

ZUTATEN
1 TL Salz
250 g Linguini (breite Spaghetti)
1 Knoblauchzehe
150 g Spargel aus dem Glas
3 EL Olivenöl
200 g passierte Tomaten (Dose)
1 TL Gemüsebrühepulver
50 g Sardinen
1 Hand voll gehackte Basilikumblätter
2 EL gehackte Petersilie

Salzwasser zum Kochen bringen. Darin die Linguini in acht Minuten bissfest kochen.
Den Knoblauch pressen. Spargel abtropfen lassen. Öl in einer Pfanne heiß werden lassen und den Knoblauch darin kurz braten. Tomaten, Spargel, Gemüsebrühepulver und Sardinen dazugeben und das Ganze fünf Minuten kochen. Danach die Hitze reduzieren, Basilikum und Petersilie unterrühren und zugedeckt noch fünf Minuten ziehen lassen.
Die Nudeln abgießen und mit der Soße servieren.

Tipp

Streuen Sie frisch geriebenen Parmesan über die Nudeln. Wer es scharf mag, gibt eine fein gehackte Chilischote zur Soße.

Deftige Erbsensuppe

ZUTATEN
100 g Kartoffeln
70 g Lauch
50 g Staudensellerie
100 g Rosenkohl
50 g Petersilienwurzel
1 kleine Zwiebel
½ l Gemüsebrühe
1 Lorbeerblatt
100 g vegetarische Würstchen (Reformhaus)
100 g Erbsen (tiefgekühlt)

Kartoffeln schälen, waschen und würfeln. Lauch putzen, waschen und in Ringe schneiden. Sellerie waschen und in Scheibchen schneiden. Rosenkohl und Petersilienwurzel putzen und waschen. Zwiebeln schälen und fein würfeln.
Gemüsebrühe bei mittlerer Hitze aufkochen. Kartoffeln, Rosenkohl, Petersilienwurzel, Lorbeerblatt und Zwiebeln hineingeben und zehn bis 12 Minuten zugedeckt kochen. Sellerie, Lauch, Würstchen und Erbsen hinzugeben.
Kurz (!) aufkochen lassen, dann vom Herd nehmen und 20 Minuten ziehen lassen. Lorbeerblatt und Petersilienwurzel entfernen.

Fischsuppe mit Gemüse

ZUTATEN
400 g Fischfilet (z. B. Seelachs, Seehecht, Rotbarsch)
1 Möhre
10 g Petersilienwurzel
2 Kartoffeln, ½ Stange Lauch
1 Knoblauchzehe
1 TL Gemüsebrühepulver
3–4 gehäufte EL Naturreis (fertig gekocht)
2 EL Olivenöl
1 TL Zitronensaft
1 EL gehackte Petersilie

Fisch säubern, waschen, trocken tupfen und in mundgerechte Stücke teilen.
Möhre, Petersilienwurzel, Kartoffeln und Lauch putzen, waschen und klein schneiden.
Das Gemüse in ¾ Liter Wasser zum Kochen bringen. 5 Minuten kochen, danach den Fisch zugeben, Knoblauch dazupressen und Gemüsebrühe einrühren. Weitere 10 Minuten köcheln.
Den gekochten Reis und das Olivenöl dazugeben. Die Suppe auf der warmen Kochplatte noch einmal gut durchziehen lassen, den Zitronensaft und die Petersilie einrühren und sofort servieren.

Rahmpilze

ZUTATEN
250 g Steinpilze
250 g Pfifferlinge
1 Zwiebel
3 EL Rapsöl
1 gestr. EL Vollkornmehl
100 g Crème légère
½ Becher saure Sahne
½ TL abger. Zitronenschale
1 EL Petersilie, 1 EL Thymian
Kräutersalz

Pilze säubern, Steinpilze in Scheiben schneiden. Zwiebel schälen und in kleine Würfel schneiden.
Das Öl in einer Pfanne heiß werden lassen und die Pilze zwei Minuten darin unter Rühren anbraten.
Das Mehl darüberstreuen, Crème légère dazugeben und zehn Minuten zugedeckt köcheln lassen. Von der Herdplatte nehmen.
Saure Sahne, Zitronenschale und Kräuter dazugeben, mit etwas Kräutersalz würzen.
Dazu passen Vollkornnudeln und Rucola- oder Feldsalat.

Nudelsalat Colorado

ZUTATEN
150 g Penne oder Farfalle
1 TL Salz
150 g fertig gebratene Hühnerbrust
100 g Gorgonzola
1 Chilischote
ca. 300 g Erbsen-Möhren-Mix (tiefgekühlt)
2 EL Leinöl
2 EL Olivenöl
2 EL weißer Balsamessig
1 Hand voll gemischte gehackte Kräuter
250 g Sauerrahm
1 EL Senf
150 g Mascarpone

Die Nudeln in Salzwasser nach Packungsanweisung al dente kochen.
Das Fleisch in kleine Stücke, Gorgonzola in kleine Würfel schneiden. Chillischote waschen, putzen und in feine Ringe schneiden.
Den Gemüsemix in einem Sieb unter fließendem Wasser waschen und gut abtropfen lassen.
Öle, Essig und Kräuter mit Sauerrahm und Senf in einer separaten Schüssel gut mischen.
Gemüsemix und Chilischote zu den Nudeln geben und vorsichtig umrühren. Danach Gorgonzola und Mascarpone dazugeben und nochmals umrühren. Zuletzt die Kräuter-Öl-Mischung darübergießen und abschmecken.

Tipp

Sie können dieses Gericht auch ganz vegetarisch zubereiten. Dazu nehmen Sie statt der gebratenen Hühnerbrust einfach geräucherten Tofu (Sojaquark). Diesen gibt es im Bioladen oder im Reformhaus in vielen verschiedenen Varianten – beispielsweise mit Kräutern oder geräuchert.

Ratatouille

ZUTATEN
4 Tomaten
1 rote Paprika
1 grüne Paprika
200g Zucchini
200g Auberginen
1 Zwiebel
2 EL Olivenöl
3 Knoblauchzehen
1 TL Salz
Pfeffer
1 TL Thymian
1 TL Rosmarin

Die Tomaten waschen und in kleine Stücke schneiden. Rote und grüne Paprika, Zucchini und Auberginen waschen, putzen und in Würfel schneiden. Die Zwiebel schälen und fein würfeln.
Das Olivenöl in einem Topf oder einer tiefen Pfanne erhitzen und die Zwiebel darin glasig dünsten. Die Tomatenstücke hinzugeben und leicht andünsten, dann die Paprika- sowie die Auberginen- und Zucchiniwürfel zugeben.
Den Knoblauch durch eine Presse drücken und zu dem Gemüse geben. Mit Salz und Pfeffer abschmecken und weitere zehn Minuten schmoren lassen. Dann Thymian und Rosmarin darüberstreuen.

Tipp

Dazu passt Reis oder Vollkornbrot.

Amaranthpfanne mit Pfifferlingen

ZUTATEN
4–5 EL Rapsöl
150 g Amaranth
½ l Gemüsebrühe
200 g Pfifferlinge
150 g Brokkoli
1 Bund Petersilie
1 Knoblauchzehe
30–50 g gehackte Walnüsse

Das Öl in einem Topf erhitzen. Amaranth hineingeben und fünf Minuten braten. Gemüsebrühe dazugeben und alles etwa 40 Minuten im zugedeckten Topf köcheln lassen.
Pfifferlinge säubern und bei Bedarf etwas zerkleinern. Broccoli waschen und in Röschen teilen. Petersilie waschen, trocken tupfen und grob hacken. Knoblauch schälen und fein hacken.
Pfifferlinge, Broccoli und Knoblauch in den Topf geben und weitere fünf Minuten kochen. Danach Petersilie und Walnüsse hinzugeben und fünf bis zehn Minuten ziehen lassen.

Süßkartoffeln mit Schafskäsequark

ZUTATEN
4 große Süßkartoffeln
120 g Schafskäse
1 Frühlingszwiebel
200 g Quark
1 EL Leinöl
1 TL Senf
1 EL Thymian
1 EL Rosmarin
1 TL gehackter Dill
1 TL Schnittlauchröllchen

Backofen auf 180 °C vorheizen. Die Süßkartoffeln waschen, bürsten und trocknen. Auf ein Blech legen, in den Ofen schieben und eine gute Stunde backen.
Schafskäse mit der Gabel zerdrücken, Frühlingszwiebel putzen, waschen und in feine Röllchen schneiden. Schafskäse mit Frühlingszwiebel, Quark und allen weiteren Zutaten in einer Schüssel gut mischen.
Nach der Garzeit die Süßkartoffeln mit einem Messer auseinander ziehen und mit der Käsemasse füllen.

Flotter Eintopf

ZUTATEN
1 Zwiebel
1 Stange Staudensellerie
100 g feine Möhren
1 Knoblauchzehe
1–2 EL Rapsöl
250 g Tomatenstücke (Dose)
600 ml Gemüsebrühe
150 g Erbsen, 50 g rote Linsen
150 g grüne Bohnen
1 TL Paprikapulver (edelsüß)
1 EL gehackte Petersilie
Evtl. 100 g Rindfleisch

Die Zwiebel schälen und in Würfel schneiden. Selleriestange und Möhren schälen, waschen und in Scheibchen schneiden. Knoblauch pressen.
Rapsöl in einem Topf heiß werden lassen und die Zwiebeln darin dünsten. Nach 2 Minuten Möhren, Tomaten und Knoblauch hinzufügen und kurz mitdünsten.
Gemüsebrühe angießen und alle weiteren Zutaten – außer der Petersilie – zugeben. Gut umrühren und die Suppe zugedeckt 20 Minuten köcheln lassen. Petersilie zugeben und abschmecken.
Wer es noch ein wenig deftiger möchte, gibt einige Stücke gekochtes Rindfleisch mit in den Eintopf.

VIELE WEGE FÜHREN ZUM GUTE-LAUNE-KICK

KAPITEL 3

Neben der gezielten Ernährung gibt es noch viele weitere Möglichkeiten, die **Glücksstoffe** zu locken. Eine der wichtigsten, weil wirksamsten, ist **Sport**. Aber auch mit anderen Maßnahmen finden Sie wieder zu **mehr Lebensfreude**.

Laufen Sie dem Glück entgegen

Um den **Serotoninspiegel zu pushen**, benötigen Sie zum einen die **richtigen Nährstoffe**, zum anderen **Körpereinsatz**: Die Kombination aus **gezielter Ernährung** und **regelmäßiger Bewegung** bringt die »**Glückshormone**« richtig in Schwung. Denn Sport stimuliert die Bildung unserer Frohstoffe.

Aktiv gegen den Blues

Zurück von der Radtour, ausgepowert und mit müden Waden, aber total gut drauf. Morgens nach dem Laufen unter die Dusche und dann mit bester Laune ins Büro.

Was die Muskeln stählt, stärkt auch die Seele: Sport stimmt optimistisch, gibt ein besseres Körperbewusstsein und steigert das Selbstwertgefühl. Und das ist noch längst nicht alles. Körperliche Aktivität wird inzwischen sogar als »Medikament« gegen Stimmungsschwankungen und Depressionen empfohlen. Rezeptfrei, dafür aber mit einer Menge sehr erwünschter Nebenwirkungen.

Von **regelmäßigen** Trainingseinheiten profitieren **Körper** und **Seele** in sehr vieler Hinsicht.

Denn was Sie körperlich fit macht, kurbelt in Ihrem Gehirn die Produktion jener Stoffe an, die Laune machen. Bei körperlicher Belastung steigt vor allem die Konzentration an Serotonin. Während Sie also laufen, walken oder radeln, schießen Endorphine, Serotonin & Co. ins Blut und lassen binnen weniger Sekunden alles, was vorher schwierig und belastend war, leichter werden – Schritt für Schritt mehr. Und, was die hausgemachten Stimmungsaufheller bewirken, hält vor: Von den positiven Effekten auf Ihr Wohlbefinden haben Sie noch lange nach dem Training etwas.

Regelmäßige Aktivität wirkt so gut wie ein Antidepressivum: Wie sehr und wie nachhaltig, haben inzwischen eine ganze Reihe von

Studien gezeigt. So beispielsweise eine Untersuchung namens SMILE – kurz für Standard Medical Intervention and Log-Term Exercise – der US-Universität Durham, North Carolina. Nomen est omen: Wie die US-Wissenschaftler herausfanden, ist regelmäßiger Sport gegen Depressionen sogar noch wirksamer als Antidepressiva. Und sportlich aktive Patienten haben eine niedrigere Rückfallquote. Denn Sport gibt das Gefühl, den eigenen Zustand aktiv ändern zu können, statt ihn passiv zu ertragen – was Tabletten nicht können. Um den Seelentiefs auf und davon zu laufen, sind keine Höchstleistungen nötig. Die Teilnehmer der Studie gingen schlicht und einfach dreimal wöchentlich eine halbe Stunde joggen, machten stramme Spaziergänge und radelten auf dem Hometrainer. Ein moderates Bewegungsprogramm, so das Fazit der US-Forscher, ist zuverlässig und langfristig wirksam.

Intensives Krafttraining senkt bei Frauen den **Serotoninspiegel**. Männer dagegen bauen mit dem Hantelnstemmen ihr **Dopamin** auf.

Für Ihr Runner's High müssen Sie also keinen Marathon hinlegen. Bereits mit einer halben Stunde Sport pro Tag kann man selbst schweren Depressionen zu Leibe rücken und eine deutliche Besserung des Befindens bewirken, so die Erkenntnis von Sportmedizinern der Freien Universität Berlin. Den besten antidepressiven Effekt hat regelmäßiges, leichtes Ausdauertraining: Ideal sind drei- bis fünfmal pro Woche jeweils zwischen 30 und 60 Minuten. Als sinnvolle Ergänzung empfehlen die Sportmediziner dazu Übungen zur Förderung der Entspannung und Körperwahrnehmung wie zum Beispiel Yoga und Autogenes Training (S. 122ff.). Damit die körpereigenen Glücksbringer aber so richtig voll wirken können, sollten Ihnen Ihre Bewegungsdosen auch Spaß machen.

Selbstbewusstsein wächst durch positive Erfahrungen – auch und vor allem im Sport. Was Sie in Bewegung bringt, sollte Ihnen Freude bereiten und Sie vor allem nicht überfordern. Sonst bleiben die Erfolgserlebnisse auf der Strecke und die Sportklamotten bald wieder im Schrank.

Um die Schatten auf der Seele wirksam zu vertreiben, empfehlen sich vor allem folgende Sportarten. Mit denen Sie nebenbei auch überflüssige Kilos leichter loswerden …

- Walking und Nordic Walking
- Jogging (belastet die Gelenke, deshalb bei Übergewicht besser walken)
- Schwimmen
- Radfahren
- Trampolinspringen
- Aerobic
- Tanzen in jeder Form
- Gymnastik in jeder Form
- Wandern
- Rudern
- Inlineskating
- Skilanglauf
- Sport im Team (alle Ballspiele)
- Ungünstig sind aggressive und konkurrenzorientierte Sportarten sowie Leistungssport.

Wenig ist besser als gar nichts

Betrachten wir unseren Alltag, wird schnell klar, wie inaktiv wir eigentlich sind: Wir sitzen am Schreibtisch, stehen in der U-Bahn, lümmeln stundenlang auf der Couch und liegen abends schließlich im Bett. Wussten Sie, dass heutzutage die tägliche durchschnittliche Gehstrecke eines Erwachsenen unter einem Kilometer liegt? Autos, U-Bahnen, Fahrstühle und Rolltreppen haben die Benutzung unserer eigenen Beine fast überflüssig gemacht.

Sportmediziner **empfehlen** dreimal wöchentlich **30 Minuten Ausdauertraining,** noch besser fünfmal die Woche **45 Minuten**.

Doch auch wenn Sie bisher nach Winston Churchills Maxime »no sports« gelebt haben und Sport wenig oder keinen Platz in Ihrem Alltag hatte – denken Sie um. Für ein aktiveres Leben müssen Sie nicht gleich Mitglied im Fitnesscenter werden oder sich einen Hometrainer kaufen. Auch mit kleinen Bewegungseinheiten erreichen Sie schon eine Menge. Als da wären Treppe statt Aufzug. Fahrrad statt Auto und vieles andere – was mühelos in den Tagesablauf einzubauen ist, lohnt sich. Wie sehr, haben unter anderem Mediziner an der Universität Leipzig ausgerechnet: Bereits ein täglicher zügiger Spaziergang von einer halben Stunde kann das Risiko für einen Herzinfarkt deutlich senken.

Das holt Sie von der Couch

Körperliche Ertüchtigung ist nicht nur einer der besten Wege, die Glückshormone auf Vordermann zu bringen. Sie bringt Ihnen noch wesentlich mehr. Besonders viele Pluspunkte sammeln Sie mit Ausdauersportarten. Damit gehen Sie überschüssigen Pfunden entgegen, betreiben umfassenden Herzschutz und bringen einen gestörten Fettstoffwechsel ins Lot – starten also auf mehreren Ebenen ein wirksames Vorsorgeprogramm. Hier noch einige von vielen bewegenden Argumenten.

Fettschmelze in den Muskeln

Regelmäßige Bewegung hilft Ihnen, Ihre individuelle Idealfigur zu bekommen. Sie strafft das Gewebe und lässt überflüssiges Fett schmelzen. Besonders an den so genannten Problemzonen: Bauch, Po und Oberschenkel verändern sich bereits nach relativ kurzer Zeit regelmäßiger Bewegung.
Denn Ausdauertraining vermehrt die Anzahl der Mitochondrien in den Muskelzellen und erhöht auch deren Leistungsfähigkeit. Je mehr der kleinen Kraftwerke in den Zellen zur Energiegewin-

Info:

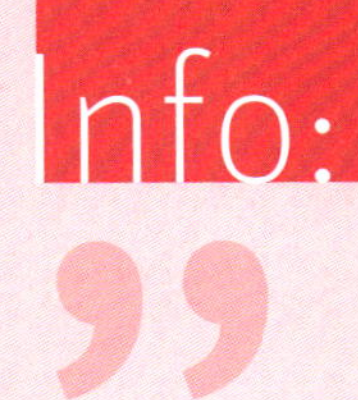

Laufen oder lümmeln?

Wer innere Unruhe und Nervosität verspürt, dem ist mit Entspannungsübungen oft wenig geholfen. Ein besseres Ticket für den Kurzurlaub vom Alltag ist dagegen Sport. Laufen, walken, radeln, schwimmen, einerlei: Es hilft Ihnen, den aufgestauten Druck abzubauen und Stress leichter zu bewältigen. Sie können mit der täglichen Portion Hektik und Anspannung besser umgehen – egal, ob Sie sich so richtig auspowern oder ganz lässig dahintraben.

nung zur Verfügung stehen, desto besser die Fettverbrennung. Damit steigen Herzfrequenz und maximale Sauerstoffaufnahme um bis zu 20 Prozent – und mit ihnen der Kalorienverbrauch. Wer mehr Muskeln besitzt, hat auch einen höheren Energiebedarf: Jedes Pfund Muskelmasse benötigt täglich 35 bis 45 Kalorien für seinen eigenen Stoffwechsel. Das summiert sich und kurbelt die Fettverbrennung weiter an.

Last not least fördert Bewegung die Ausschüttung eines Stoffes namens Cholecystokinin. Dieses Enzym ist ein wichtiger Begleiter auf dem Weg zum Wunschgewicht, denn es dämpft Hungergefühle und zügelt den Appetit.

Möglichst dünn zu werden ist **nicht das Ziel**. Doch eine schlanke Figur macht **selbstbewusster**, weil Sie sich damit **wohler**, **gesünder** und **glücklicher** fühlen.

Herzschutzmittel Ausdauertraining

Ausdauersport gehört zu den Maßnahmen, die rezeptfrei und ohne Nebenwirkungen zur Vorbeugung und Behandlung von Herzbeschwerden empfohlen werden. Forscher haben herausgefunden, dass bereits mäßige Bewegung das Infarktrisiko beachtlich senkt – um bis zu 30 Prozent.

■ Gibt der Durchblutung einen Kick

Bewegung regt die Durchblutung an. Und damit bekommt jede einzelne Zelle im gesamten Organismus mehr Sauerstoff. Natürlich auch die im Herzen. Was im Ernstfall lebensrettend sein kann. Umso mehr, als mit zunehmender Ausdauer der Sauerstoffbedarf des lebenswichtigen Muskels sinkt. Die bessere Durchblutung der Blutgefäße gewährleistet zudem besseren Schutz vor Arteriosklerose und steigert die Leistungskraft des Gehirns: Was Ihre Füße Schritt für Schritt bewirken, macht sich auch im Oberstübchen positiv bemerkbar.

■ Macht den Herzhaushalt wirtschaftlicher

Je trainierter Sie sind, desto ökonomischer kann Ihr Herz arbeiten. Das bessere Zusammenspiel der Muskeln nimmt ihm schlichtweg Arbeit ab, weil es weniger Sauerstoff und Blut in die Muskeln pumpen muss. Mit wachsender Kondition wird der Herzmuskel also zunehmend geschont.

- **Tariert den Blutdruck aus**

Ausdauersport kann den Blutdruck ausgleichen: einen zu hohen senken und einen zu niedrigen erhöhen.

- **Verringert die Thromboseneigung**

Schritt für Schritt fließt mehr Blut durch die Gefäße. Damit verbessern sich auch seine Fließeigenschaften: Strömt der Lebenssaft schneller durch die Adern, sinkt das Risiko für die Bildung eines Blutgerinnsels.

Mehr Sauerstoff

Regelmäßiges Training vergrößert das Lungenvolumen. Das verbessert die Lungenfunktion, wodurch unser Organismus eine höhere Sauerstoffmenge verarbeiten kann.
Weiterhin lässt Ausdauersport die Vitalkapazität der Lungen ansteigen. Das macht Atmen wirtschaftlicher: Wir können zum einen mehr Sauerstoff aus der eingeatmeten Luft aufnehmen. Zum anderen kommen wir nicht so schnell außer Atem. Wenn Sie die Treppe hinaufsteigen oder Sport treiben, geht Ihnen also nicht so schnell die Puste aus.
Durch die bessere Sauerstoffversorgung werden die Lungen zudem stärker durchlüftet und somit schneller von Schmutzpartikeln befreit. Darüber hinaus sind die Atemwege weniger anfällig für Krankheitserreger.

Stabiles Knochengerüst

Bewegung regt einerseits den Stoffwechsel in Knochen und Gelenken an: Eine bessere Mineralstoffversorgung macht sie belastbarer und elastischer. Andererseits bauen regelmäßige Trainingseinheiten die Knochenmasse stärker auf und bremsen deren vorzeitigen Abbau. Womit der Workout

Extra:

Der richtige Trainingspuls

Bei Ausdauersportarten wie Jogging, Walking, Nordic Walking oder Radfahren sollten Sie darauf achten, im aeroben Bereich zu trainieren: So bekommen die Muskeln genügend Sauerstoff und die Energie wird aus Kohlenhydraten und Fetten gewonnen. Das lässt die Fettpölsterchen schmelzen und trainiert Herz und Kreislauf optimal.
Es gibt zwei Richtwerte für den richtigen Trainingspuls. Wenn Sie während des Trainings noch gut sprechen können, ohne abgehetzt zu klingen, sind Sie im grünen Bereich. Ob das der Fall ist, zeigt Ihnen auch folgende Faustregel an: 180 minus Ihrem Alter ergibt in etwa Ihren Trainingspuls.

auch wirksam dazu beiträgt, Osteoporose vorzubeugen: Schon dreimal wöchentlich eine halbe Stunde Traben und Trimmen macht die Knochenmasse dichter und belastbarer.

Nach dem Training hat Ihr Körper eine Menge **Wachstums-** und **Glückshormone** ausgeschüttet – Sie sind **selbstbewusster** und **gelassener**.

Aktiver Stoffwechsel

Geht der Puls schneller und strömt mehr Blut durch den Körper, drehen sich die Räderwerke des Stoffwechsels rascher. Das lässt den Grundumsatz und die Ausscheidung von Abfallstoffen ansteigen. Wandern die Schlacken- und Giftstoffe möglichst rasch in die Kanalisation oder via Schweiß aus Ihrem System, sehen Sie das im Spiegel: Das Hautbild verbessert sich. Und die verhassten Dellen an Schenkeln und Po, sprich die Zellulitis, glätten sich. Ins lockere Bindegewebe, vor allem das der Frauen, packt der Körper nämlich gerne all das hinein, was er nicht entsorgen kann. Wird hier endlich mal entrümpelt, haben Sie den Erfolg schnell vor Augen.

Bessere Blutfettwerte

Durch regelmäßiges Training können Sie Ihre Blutfette optimal regulieren. Die Forschung konnte zeigen, dass aerobes Training die Konzentrationen der Blutfette günstig beeinflusst. Mit Walking beispielsweise können Sie die Triglyceride senken und HDL- und LDL-Cholesterin in Ihrem Blut unter Kontrolle halten: das schädliche LDL reduzieren und das gute HDL im Gegenzug erhöhen. Wenn Sie sich zusätzlich fettbewusst ernähren – soll heißen, die richtigen Fette zu sich nehmen –, können Sie einiges im Fettstoffwechsel ausbügeln. Denn dadurch lassen sich die guten Blutfette erhöhen, die schlechten dagegen senken.

Power für die Abwehr

Mit Sport können Sie Ihrem Immunsystem unter die Arme greifen und seine Leistung nachhaltig stärken. Um glatte 30 Prozent, wie Wissenschaftler ausgerechnet haben. Regelmäßige Bewegung erhöht Zahl und Aktivität der natürlichen Killerzellen zur Bekämpfung von Viren und Tumorzellen. Außerdem steigert sie die Aktivität der Fresszellen gegenüber Bakterien, indem sie die Bildung weißer Blutkörperchen, der Lymphozyten, ankurbelt. Und sie führt zur vermehrten Produktion von Antikörpern (Immunglobulin A). Zu guter Letzt sorgt körperliche Aktivität dafür, dass der Körper seine Temperatur besser regulieren kann und somit abgehärteter ist.

Trimm dich für die grauen Zellen

Mit der körperlichen steigt auch die geistige Fitness. Das Konzentrationsvermögen wird angekurbelt, Reaktionsvermögen und Auffassungsgabe werden beschleunigt. Was besonders die Hirnzellen brauchen, um optimale Leistung zu bringen, ist Sauerstoff. Und den bekommen sie am besten durch eine gute Durchblutung. Deshalb raten Hirnforscher zu Ausdauersportarten.

Hirnjogging

Info:

Rund um die Uhr wird das Gehirn mit Informationen gefüttert: eine Fülle an Daten, die mit jedem Tag unseres Lebens wächst. Das gibt zu denken. Geht ein Mehr an Jahren dann nicht zwangsläufig mit einem Weniger an geistiger Fitness einher? Keineswegs. Die Kondition der grauen Zellen lässt sich erhalten. Bevor sie nachlässt – so die hoffnungsvolle Botschaft der Hirnforscher. Geisteskraft und Alter verhalten sich keineswegs umgekehrt proportional zueinander. Hinter nachlassender Hirnleistung steht vielmehr eine schlechte Kondition der grauen Zellen.
Die enormen Ressourcen, über die unser Gehirn verfügt, werden viel zu wenig beansprucht. Was die geistigen Kräfte erlahmen lässt, ist nach Ansicht der Hirnforscher meist eine »drastische Unterforderung«: Wie jeden Muskel, so der Rat aus den gelehrten Zirkeln, gilt es, auch die Fitness des Gehirns zu trainieren. Zum Trimm-dich für die grauen Zellen empfehlen die Hirnforscher neben speziellen Gedächtnisübungen ausreichend Bewegung und eine gesunde Ernährungsweise.

Mehr Stressresistenz

Regelmäßig trainiert, kann der Körper schädlichen Stressreaktionen besser gegensteuern. Die vermehrte Durchblutung des Körpers wirkt entspannend auf das vegetative Nervensystem. Das stärkt nicht nur das Nervenkostüm und lässt Sie besser schlafen, sondern wirkt sich auch positiv auf Regenerationsfähigkeit und Konzentration aus. Weiterhin unterstützt Sport den Abbau von Adrenalin sowie anderen Stresshormonen und reduziert obendrein noch deren schädliche Wirkungen.

Bleiben Sie dran

Sie kennen ihn sicher auch gut, den inneren Schweinehund. Der Ihre guten Vorsätze immer wieder in Gefahr bringt. Dafür sorgt, dass Sie nach einem stressigen Arbeitstag lieber auf die Couch statt in die Sportschuhe steigen und dass Sie am Wochenende nicht aus dem Bett kommen, weil es so gemütlich ist.
Dass man nur schwer in die Gänge kommt und sich mühsam aufraffen muss, kennen wir alle. Jene kritischen Momente, die das Trainingsprogramm torpedieren, nach dem beliebten Motto »aber morgen dann bestimmt«.
Hier ein paar Tipps, die Ihnen über diese selbst gestellten Hürden hinweghelfen und Sie wieder motivieren:

- Setzen Sie sich feste Zeiten für Ihr Training und halten Sie diese ein. Falls wirklich mal etwas dazwischenkommt, holen Sie Ihr Pensum am nächsten Tag nach – ohne nach Ausreden zu suchen.
- Suchen Sie sich Sportarten, die Ihnen wirklich gefallen und Spaß bringen. Vielleicht wechseln Sie gelegentlich auch mal die Sportart und probieren etwas anderes aus. So wird es nicht langweilig.
- Halten Sie sich immer das Ergebnis Ihrer Leistung vor Augen: Sie werden gesünder, fröhlicher und schlanker. Das schlägt den inneren Schweinehund in die Flucht und spornt an.
- Starten Sie immer mit einem Aufwärmprogramm und leichtem Stretching. Ohnehin gilt für Anfänger: Fangen Sie zunächst langsam an, mit leichten Übungen, dann haben Sie mehr Freude am Training.
- Trainieren Sie als Anfänger nicht öfter als viermal pro Woche

je eine Stunde (das gilt als Maximum), sonst muten Sie sich womöglich zu viel zu.

- Vergessen Sie nicht, ausreichend zu trinken, am besten stilles Wasser.
- Trainieren Sie nicht mit vollem Magen und unter Zeitdruck.

Für alle Fälle: Check-up beim Arzt

Bevor Sie die Joggingschuhe anziehen und das Rad aufpumpen, sollten Sie sich einen Termin beim Arzt geben lassen. Besonders dann, wenn Sie lange keinen Sport mehr getrieben haben, stark übergewichtig sind oder wenn Sie an chronischen Beschwerden leiden. Der Arzt kann durch einen Check-up prüfen, ob und welchen Sport Sie betreiben dürfen.

Wenn Sie eine dieser Fragen mit Ja beantworten, sollten Sie Ihren Arzt zurate ziehen und abklären lassen, ob Sie aktiv werden dürfen.

- Spüren Sie besondere Symptome bei körperlicher Anstrengung?
- Spüren Sie Schmerzen, deren Ursache Sie nicht kennen?
- Nehmen Sie Antibiotika oder herzfrequenzsenkende Medikamente, wie zum Beispiel Betablocker?
- Leiden Sie unter ständiger und starker Müdigkeit?
- Sind Sie kürzlich operiert worden?
- Leiden Sie unter Herzrhythmusstörungen oder Herzstolpern?
- Haben oder hatten Sie kürzlich eine Grippe oder eine andere Krankheit?
- Haben Sie hohen Blutdruck?
- Haben Sie Arthrose oder andere Gelenkbeschwerden?

Lockeres, lächelndes Laufen macht das Leben leichter

Bewegung fördert die **Bildung von Serotonin, Endorphinen** und **anderen Botenstoffen**, die unserer Stimmung **einen Kick geben**.

Interview mit Dr. med. Ulrich Strunz, Internist und Gastroenterologe. Sein Erfolgsprogramm »Forever Young« fand viele begeisterte Leser und seine Bücher wurden in viele Sprachen übersetzt. Er praktiziert in seiner privatärztlichen Praxis in Roth, hält Vorträge und Seminare. In seiner Altersklasse gehört er zur Weltspitze der Ultra-Triathleten.

Jeder weiß, dass Sport gut für Körper und Seele ist. Trotzdem gibt es massenhaft Sportmuffel. Was glauben Sie, woran das liegt?

Das liegt an der natürlichen Trägheit des Menschen. Sport bedeutet Anstrengung und Schweißfüße. Weshalb sollten die Menschen dann Sport treiben? Wir haben mit der Forever-Young-Idee die Menschen von diesem Schreckgespenst Sport befreit. Wir haben ihnen gezeigt, dass sanfte Bewegung, also lockeres, lächelndes Laufen das Leben leichter macht, von Übergewicht befreit, Glückshormone stimuliert, das Gehirn aufweckt, kurz – das Leben wieder lebenswert macht.

Wenn jemand nun mit sportlicher Betätigung anfängt, wie lange dauert es, bis sich körperliche und geistige Verbesserungen einstellen?

Die Verbesserungen merkt der Mensch am ersten Tag. Auch hier hat die Sportmedizin lange gesündigt und Erfolge wie beispielsweise Fitness und Gesundheit erst nach Wochen und Monaten verbissenen Trainings versprochen. Tatsächlich werden Glückshormone schon in der ersten halben Stunde freigesetzt und lassen den Menschen fröhlich den Kopf heben. Tatsächlich wird das Gehirn schon in der ersten halben Stunde deutlich mehr mit Sauerstoff versorgt und wacht auf. Und dieses Glücksgefühl hält auch nach dem Sport an.

In Ihren Büchern wird deutlich, dass Jogging und Nordic Walking Ihre Favoriten unter den Sportarten sind. Aus welchem Grund?

Jogging und Nordic Walking sind besonders effektiv, weil dabei große Muskelgruppen bewegt werden. Das sind beim Jogging etwa 70 Prozent, beim Nordic Walking etwa 90 Prozent. Argumente, die einen Sportmuffel natürlich nicht motivieren. Die Forever-Young-Begründung liegt in der Natürlichkeit: Gelaufen sind wir schon mit drei Jahren. Das können wir. Dazu braucht es keine komplizierte Ausrüstung, lediglich zwei Beine. Und Nordic Walking ist »entschärftes Joggen«, also praktisch Spazierengehen mit zwei Stöcken. Das traut sich jeder zu, da fällt die natürliche Hemmschwelle weg. Daher auch die sensationell schnelle Verbreitung dieses Sports.

Der Puls ist beim Trainieren offenbar sehr wichtig. Können Sie das näher erläutern? Wie sieht der ideale Pulsschlag aus?

Der Puls bei der Bewegung ist tatsächlich entscheidend. Ist er zu niedrig, lohnt es sich nicht, ist er zu hoch, wird der Körper zu sehr belastet, typisch für den Leistungssportler. Dazwischen liegt das ganze Geheimnis: In einem Bereich von zehn bis 20 Pulsschlägen, in welchem am effektivsten Fett verbrannt wird, in welchem am effektivsten Stresshormone verbraucht und Glückshormone stimuliert werden.

Welchen Einfluss hat Sport auf die Glückshormone?

Bewegung setzt Glückshormone frei. Also Serotonin beim langsamen, Endorphine beim schnelleren Lauf. Das lesen viele Menschen, laufen los und sind enttäuscht. Sportmediziner sprechen selten über die Voraussetzungen. Diese Hormone bestehen aus Aminosäuren, also aus Eiweiß. Viele Menschen haben viel zu wenig Eiweiß im Blut und laufen deswegen den Glückshormonen vergeblich hinterher. Zur glücklichen Bewegung gehört also auch die glücklich machende Ernährung.

Manche Jogger werden geradezu süchtig danach und laufen, um den »Runner's High« zu erleben, also die Euphorie beim Laufen. Sport ist zwar gesund, aber wann fängt es an, zu viel des Guten zu werden?

Die Menschheit liebt die Sucht. Hat man früher Giftpilze genossen, sind es heute Zigaretten, Alkohol oder Modedrogen wie Kokain. Alle diese Drogen zerstören die Gesundheit. Alle. Mit Ausnahme der Bewegung. Laufsucht macht gesund. Wer mit dem richtigen Puls läuft, kann sich nicht schaden. Nur Leistungssport macht häufig krank.

Haben Sie manchmal gar keine Lust auf Sport, Herr Strunz?

Sport hat mich immer abgeschreckt. Gibt es etwas Grauenvolleres als starre Trainingspläne oder als Hecheln, Keuchen, Schwitzen? Ich bewege mich. Bewege mich täglich. Bewege mich, wie das jedes natürlich lebende Wesen tut, also jedes Kind oder jedes Reh. Mit Sport hat das gar nichts zu tun.

Tanken Sie Kraft aus der Natur

Um die Speicher Ihrer **Glücksstoffe** aufzufüllen, können und sollten Sie auch auf **natürliche Ressourcen** zurückgreifen. Die Kräfte von **Licht** und **Sonne**, **Wasser** und **Temperaturreizen** hellen die Stimmung spürbar auf. Ebenso lässt sich mit pflanzlichen Wirkstoffen aus der **Naturapotheke** eine Menge für das seelische Wohlbefinden tun.

Sonne für die Seele

»Auf der Sonnenseite des Lebens …« Sonnenlicht macht Laune und stimmt uns fröhlich, ist also Medizin für die Seele. Denn die warmen Strahlen kurbeln die Produktion der körpereigenen Stimmungsmacher an. Während Sie sich wohlig in der Sonne räkeln, steigen die Konzentrationen von Serotonin und Kollegen.

Abgesehen von mehr Lebensfreude, schenken uns Sonnenstrahlen ein aktives Immunsystem und stabile Knochen, fördern Liebeslust, Durchblutung und Vitamin-D-Produktion. Nicht zu vergessen der Bronzeschimmer auf der Haut, der uns vital und attraktiv aussehen lässt und durch kein Make-up zu ersetzen ist.

Die **saisonal abhängige** Depression, kurz **»SAD«**, kehrt bei fast allen Betroffenen **jährlich** in den **Wintermonaten** wieder. Im Frühjahr bessert sich dann der Zustand wieder.

Lichtmangel führt zum Winterblues

Kaum werden die Tage kürzer und künstliches Licht nahezu den ganzen Tag über erforderlich, sinkt bei vielen das Stimmungsbarometer. Dieser Hänger zeigt sich in Müdigkeit, Antriebsarmut und Konzentrationsstörungen, leichten depressiven Verstimmungen, mangelnder Belastbarkeit und oft auch durch Heißhungerattacken auf Süßes und Kohlenhydrate.

Schuld an all dem Ungemach ist der Mangel an Licht. Als Reaktion auf die fehlende Sonnenbestrahlung wird das Hormon

Melatonin (S. 28) vermehrt ausgeschüttet. Der Körper kann diesen Überschuss nicht ausreichend abbauen und schaltet um auf »Nachtbetrieb«. Die Körperfunktionen verlangsamen sich, was sich auch in der psychischen Verfassung niederschlägt.

Helles Licht für die Laune

Um die innere Uhr wieder einzutakten und die Botenstoffe im Gehirn wieder ins Gleichgewicht zu bringen, helfen Ihnen Sitzungen vor Leuchtstoffröhren. Deren Lichtintensität entspricht in etwa dem natürlichen Tageslicht, also 2500 bis 10 000 Lux. UV- und Infrarotstrahlen werden so weit wie möglich herausgefiltert – so können Sie auch keinen Sonnenbrand bekommen.

Diese so genannte Bright-Light-Therapie kann bei der saisonalen Depression sehr gute Dienste leisten. Denn durch die regelmäßigen Lichtschübe wird die Melatoninproduktion gebremst und der Körper schaltet langsam wieder auf Normalbetrieb um. Gleichzeitig klettern die Serotoninwerte in die Höhe. Denn ebenso wie Sonnenschein regt auch künstliches, sehr helles Licht die Produktion des Neurotransmitters an.

Studien zeigten, dass zwei Drittel der Patienten bereits nach wenigen Tagen deutlich positiver gestimmt waren und wieder mehr Lebenskraft empfanden.

Allerdings ist die erforderliche Dauer der Lichttherapie sehr unterschiedlich. Manchen Patienten geht es bereits nach einer Woche spürbar besser, während andere immer wieder und einige sogar den gesamten Winter über behandelt werden müssen. Wichtig, einerlei wie lange »bestrahlt« werden muss, ist die Regelmäßigkeit: täglich, auch an den Tagen, an denen man symptomfrei ist. Die Bestrahlungszeit variiert je nach Stärke der Lampen: Bei 10 000 Lux genügen 30 Minuten, bei 2500 Lux sollten es hingegen zwei Stunden sein. Am besten

Extra:

Das Sonnenvitamin

Sonnenlicht fördert die Produktion von Vitamin D. Haben wir zu wenig davon, kann das schlimme Konsequenzen nach sich ziehen. So beispielsweise die Erweichung der Knochen, was Sie auch als Osteoporose kennen.

Halten Sie sich daher in den Sommermonaten viel im Freien auf und gehen Sie auch im Winter regelmäßig spazieren, damit Sie genügend Vitamin D aufnehmen. Nachhelfen können Sie auch mit den richtigen Lebensmitteln: Das Sonnenvitamin steckt reichlich in Fisch, wie Hering, Sardine, Lachs und Kabeljau, Lebertran, sowie in Geflügel- und Rinderleber, Vollkorngetreide, Eigelb und Milch.

wirken die Lichtstrahlen morgens. Damit wird der inneren Uhr klargemacht, dass der Tag begonnen hat und sie den Körper in Schwung bringen soll. Wenn man sich dagegen abends vor die Lampe setzt, kann dies unter Umständen zu einem schlechteren Einschlafen führen. Der Abstand zur Lampe sollte am besten einen halben Meter betragen – mit steigendem Abstand verringert sich die Luxzahl deutlich und damit der Behandlungseffekt.

Auf Nummer sicher im Solarium? Mitnichten – die Bräune aus **künstlichen Strahlen** macht Sonnenschutz **nicht entbehrlich**.

Die Lichtbehandlung wird von Krankenhäusern sowie ambulant von niedergelassenen Psychiatern und Neurologen angeboten. Am einfachsten ist es allerdings, Sie besorgen sich eine eigene Lampe. In Sanitätshäusern und medizinischen Fachgeschäften finden Sie inzwischen eine gute Auswahl zu akzeptablen Preisen.

Die Schattenseiten der Sonne

Bei allen guten Wirkungen: Was die Sonne auf unsere Haut schickt, birgt auch Gefahren für deren Gesundheit und Schönheit. So ist unter anderem erwiesen, dass die vorzeitige Hautalterung zu über 90 Prozent auf das Konto der Sonnenstrahlen geht. Die Haut verliert ihre Elastizität und es kommt zur vorzeitigen Faltenbildung. Weitere UV-lichtbedingte Schäden der Haut sind Pigmentflecken, die so genannten »Altersflecken«. Zudem lassen UV-Strahlen, im Übermaß genossen, das Risiko für Hautkrebs in die Höhe schnellen.

Sonnenregeln

- Gehen Sie nur geschützt in die Sonne: Tragen Sie den Sonnenschutz etwa 15 Minuten, bevor Sie das Haus verlassen, auf. So lange dauert es, bis sich die Wirkung in der Haut voll entwickelt hat. Oder verwenden Sie eine Sonnencreme, die sofort wirkt. Beginnen Sie mit hohem Lichtschutzfaktor, der Sie zugleich vor UVA- und UVB-Strahlen schützt. Im Gesicht behalten Sie den hohen Schutzfaktor bei, am Körper können Sie ihn langsam reduzieren.
- Grobe Faustregel für den LSF: Hellhäutige mit blonden, rötlichen Haaren brauchen 15 bis 20, Hellhäutige mit dunkel-

blonden und braunen Haaren 12 bis 15 und Menschen mit von Natur aus leicht getöntem Teint und dunklen Augen acht bis zehn. Diese Werte gelten für normale Bestrahlung in den Sommermonaten, im Hochgebirge und am Meer müssen Sie höheren LSF verwenden. Produkte mit mehr als Faktor 30 können Sie sich schenken, denn das bewirkt keine Steigerung des ohnehin schon hohen Lichtschutzes.

- Reizen Sie die durch den LSF »erlaubte« Bräunungszeit nie ganz aus, sondern gehen Sie früher aus der Sonne. Nachcremen erhöht übrigens den Lichtschutz nicht.
- Gewöhnen Sie sich langsam an die Sonne: Legen Sie sich zu Beginn erst in den Schatten, denn auch hier bekommen Sie noch gute 50 Prozent der bräunenden Strahlen ab.
- Obligatorisch sind auch Sonnenbrillen zum Schutz der Augen und Sonnenschirme im Strandgepäck.
- Während der Mittagszeit (11 bis 15 Uhr) sollten Sie komplett aus der Sonne gehen.
- Verwenden Sie zur Tagespflege der Gesichtshaut möglichst Produkte mit Lichtschutzfaktor.

Schwitzen Sie den Frust aus

»Nie ist eine Frau schöner als nach der Sauna«, sagt ein finnisches Sprichwort. Aus gutem Grund, denn die Erhöhung der Körpertemperatur beschleunigt die Stoffwechselvorgänge. Mit dem Schweiß tropfen auch Stoffwechselschlacken aus dem Körper, und das sieht man.

Dass Saunen gesund hält, haben Forscher inzwischen nachgewiesen: Wer regelmäßig schwitzt, wappnet sich wirksam gegen Viren und Bakterien. Ein bis zwei Saunabesuche in der Woche stählen die Abwehrkräfte. Was nicht am Schwitzen an sich, sondern am anschließenden Kältereiz unter der Dusche oder im Tauchbecken liegt. Wie auch bei anderen Kaltwasseranwendungen trainiert der wiederholte Kältereiz das Herz-Kreislauf-System und kurbelt die Durchblutung in Händen und Füßen an.

Saunieren bringt Körper, Geist und Seele auf einzigartige Weise **in Einklang** – der perfekte **Gegenpol** zu unserem oft **hektischen Alltag**.

Bei **akuten** Infektionen und Erkältungen, Fieber, Leber- oder Nierenstörungen, Angina pectoris oder Epilepsie ist **Saunieren tabu**. Ebenso bei Venenerkrankungen und Herzbeschwerden.

Damit erhöht sich der Blutfluss in der Nasen- und Rachenschleimhaut, wodurch mehr Zellen des Immunsystems an die Orte gelangen, die sich der Attacken von Krankheitserregern erwehren müssen. Die Trainingseinheiten für die Gefäße bewirken zudem, dass sich ein erhöhter Blutdruck langfristig nach unten reguliert. Weiterhin verbessert Saunen die Atmung und regt die Schleimsekretion der Nase an.

Aber auch die Seele profitiert vom Schwitzen – es entspannt und stimmt fröhlich. Nicht umsonst wird Saunen gerade bei Nervosität und Stress sowie depressiven Verstimmungen empfohlen. Denn in der Sauna werden Endorphine freigesetzt, weil sich das vegetative Nervensystem umstellt: Der für Aktivierung und Stress zuständige Sympathikusnerv wird gedämpft. Dadurch kommt der für Entspannung zuständige Vagusnerv stärker zum Zuge und mit ihm die körpereigenen Glücksboten.

Saunaregeln

Was Sie brauchen, sind Saunatuch oder großes Badetuch, Handtuch, Badeschlappen, Bademantel, Duschgel, Körperöl und frische Wäsche. Alles gepackt? Dann kann es losgehen.

- Planen Sie genügend Zeit ein – zwei Stunden sollten Sie mindestens veranschlagen.
- Gehen Sie nicht hungrig (dann besteht die Gefahr eines Kollapses), aber auch nicht mit vollem Magen in die Sauna.
- Duschen Sie vorher gründlich und trocknen Sie sich gut ab, denn eine trockene Haut schwitzt schneller.
- In öffentlichen Saunen sollten Sie sich nicht nackt auf die blanken Holzdielen setzen, da sonst die Gefahr von Scheidenentzündungen durch Bakterien besteht. Deshalb immer ein Handtuch unterlegen.
- Ihr Saunabesuch sollte aus mehreren Saunagängen bestehen: Optimal sind drei Gänge von je zehn bis fünfzehn Minuten.
- Der gesundheitsfördernde Effekt beruht vor allem auf dem

Kältereiz nach dem Schwitzen. Die Abkühlphase muss deshalb mindestens so lange sein, wie der Saunagang war.

- Beginnen Sie die Abkühlphase zum Auskühlen der Atemwege, indem Sie sich ein wenig außerhalb der Sauna ausruhen. Erst danach kühlen Sie sich mit Kaltwasser durch Güsse (bitte herzfern beginnen) oder durch die Schwallbrause ab. Nachdem der Schweiß abgespült ist, kann sich, wer möchte, kurz ins Tauchbecken wagen. Wer unter Bluthochdruck oder Herzbeschwerden leidet, sollte das Tauchbecken allerdings meiden, da hier der Blutdruck kurzfristig stark ansteigen kann.
- Nehmen Sie im Anschluss an die Kaltwasseranwendungen ein knöchelhohes, warmes Fußbad.
- Wenn Sie völlig abgekühlt sind (nicht bis zum Frösteln), können Sie einen zweiten Gang einlegen; mehr als drei sollten Sie jedoch nicht machen.
- Nach dem Saunen sollten Sie ausreichend Flüssigkeit zu sich nehmen, um Ihren Mineralstoffhaushalt wieder auszugleichen – idealerweise in Form von Mineralwässern oder ungesüßten Säften.
- Alkohol oder Kaffee sollten Sie die ersten beiden Stunden nach dem Saunabaden strikt meiden. Auch schwere und fette Speisen sind nach der Sauna nicht empfehlenswert, denn der Körper ist noch sehr angestrengt. Wenn Sie Hunger haben, greifen Sie am besten zu Suppen oder Obst.

Grüne Stimmungsmacher

Die Naturapotheke hat hochwirksame Medikamente im Sortiment, wenn die Seele leidet und die Stimmung im Keller ist. Das sicherlich beste ist Johanniskraut.
Es wird vom Botaniker Hypericum perforatum genannt und ist schon ziemlich lange im Dienst für die psychische Gesundheit. So steht in einem Kräuterbuch aus der ersten Hälfte des 17. Jahrhunderts zu lesen:

Extra:

Sauna und Massage ...

... passen hervorragend zusammen. Am besten ist es, wenn die Massage nach dem Saunen stattfindet und dazwischen nicht mehr als eine Stunde liegt, weil dann der Körper noch entspannt und warm ist.
Besonders wirksam sind Teilmassagen: Sind Sie beispielsweise im Nackenbereich verspannt, ist eine intensive Massage in dieser Region nachhaltig erfolgreich – oft besser als eine vielleicht nur »oberflächliche« Ganzkörpermassage.

»Johanniskraut hilft gegen den Schwindel und gegen die fürchterlichen melancholischen Gedanken.«
Dafür, dass Johanniskraut so wirksam bei depressiven Verstimmungen ist, sorgt sein Wirkstoffcocktail: Flavonoide, ätherisches Öl, Harze, Gerbstoffe und Rhodan sowie vor allem Hypericin und Hyperforin. Letzteres ist maßgeblich für die antidepressive Wirkung zuständig. Denn es hemmt die Wiederaufnahme von Serotonin und Noradrenalin in den Nervenzellen, was die Konzentration der beiden Nervenbotenstoffe erhöht. Johanniskraut löst also ähnliche Vorgänge aus wie synthetische Medikamente gegen Depressionen. Allerdings hat es eine breitere Wirkpalette: Eine ähnlich starke Hemmwirkung wie auf die Wiederaufnahme von Serotin und Noradrenalin besteht auch für Dopamin, Gammaaminobuttersäure (GABA) sowie L-Glutamat. Bei Letzteren handelt es sich um Nervenboten, die bei der Entstehung depressiver Störungen ebenfalls eine wichtige Rolle spielen. Hyperforin beeinflusst insgesamt also fünf Neurotransmitter – ein richtiger »Breitbandhemmer«. Keines der bekannten Standardmittel gegen Depressionen hat eine ähnlich große Palette an Wirkungen. Denn andere Antidepressiva greifen auf nur einer oder maximal zwei Ebenen an.

Johanniskraut hat sich auf dem **wissenschaftlichen Prüfstand** bestens bewährt: Seine **Wirksamkeit** und **Verträglichkeit** stellte es bereits an vielen Patienten unter Beweis.

Das Hyperforin alleine ist es allerdings nicht, was Johanniskraut zu einem so wirksamen Antidepressivum macht. Die Forschung kam noch weiteren Inhaltsstoffen auf die Spur, die ebenfalls am zentralen Nervensystem aktiv werden und wahrscheinlich auch allein für sich eine antidepressive Wirkung auslösen können. Vieles deutet also darauf hin, dass im Johanniskraut noch weitere antidepressive Stoffe wirken.

Wie Ihnen Johanniskraut hilft

Traditionell wird Johanniskraut als Öl oder als Tee angewendet. Der Fokus liegt heute jedoch auf standardisierten Extrakten. Denn nur sie enthalten die wichtigen Inhaltsstoffe in ausreichender Menge und gewährleisten so die Wirksamkeit: Um aus dem Stimmungstief zu kommen, müssten Sie Hektoliter an Johanniskrauttee trinken. Das ist auch das Problem mit »Billigmitteln« aus dem Supermarkt oder Discounter. Solche Johanniskrautpräparate enthalten eine viel zu geringe Konzentration der wirksamkeitsbestimmenden Stoffen – kein Wunder, wenn es dann »nichts hilft«. Und sehr nachteilig, wenn der Patient dann lieber zu synthetischen Alternativen greift.

Empfehlenswerte Präparate wie beispielsweise Felis, Jarsin oder Neuroplant sind nur als Monopräparate im Handel. Diese enthalten als Wirkstoff einen Trockenextrakt aus Johanniskraut. Als wirksame Tagesdosis gelten 500 bis 800 Milligramm des Trockenextrakts.

Johanniskraut hilft ebenso gut wie **synthetische Antidepressiva**. Es ist verträglicher und hat **geringere Nebenwirkungen**. So laufen die Extrakte bei leichteren Depressionen den synthetischen Medikamenten den Rang ab.

Was Sie beachten müssen

- Erwarten Sie keine Sofortwirkung: Die antidepressive Wirkung von Johanniskraut stellt sich nicht von heute auf morgen ein. Ebenso wie bei synthetischen Antidepressiva ist etwas Geduld gefragt – wenigstens zehn Tage, bis die ersten Effekte spürbar werden.
- Johanniskraut erhöht die Lichtempfindlichkeit der Haut: Ihre Haut reagiert schneller und stärker als gewohnt auf UV-Strahlen. Dieser Fotosensibilisierung genannte Effekt betrifft vor allem hellhäutige Menschen. Während der Einnahme von Johanniskraut sollten Sie also mit dem Sonnenbaden vorsichtiger sein und sicherheitshalber einen höheren Lichtschutzfaktor als sonst verwenden.
- In höherer Dosierung sind Wechselwirkungen mit anderen Arzneimitteln bekannt geworden, die sich in einer Wirkungsverminderung von beispielsweise Digoxin, Ciclosporin oder Phenprocumon äußern. Dies gilt es zu berücksichtigen, falls Sie die genannten Medikamente anwenden.
- Ebenso kann Johanniskraut die Wirkung der Antibabypille vermindern. Wenn Sie auf diese Weise verhüten, sollten Sie sicherheitshalber zusätzlich verhüten, während Sie Johanniskrautextrakt einnehmen, etwa mit Kondomen.

Mit Bachblüten zur Seelenbalance

Der englische Arzt Dr. Edward Bach (1886–1936) entwickelte ein Behandlungskonzept, das auf 38 Blütenessenzen basiert. Die Essenzen sollen seelisch-geistige Zustände regulieren und den Gemütszustand verbessern. Beispielsweise soll die »Toleranzblüte« Rotbuche bei einer überkritischen Geisteshaltung zu mehr Einfühlungsvermögen und Mitgefühl verhelfen.

Wenn Sie **pflanzliche Mittel** einnehmen, müssen Sie das Auto nicht in der Garage stehen lassen: **Die Präparate beeinträchtigen nicht** die Verkehrssicherheit.

Die Anwendung der Bachblüten ist im Grunde sehr einfach: Sie suchen sich maximal fünf verschiedene Blüten aus und lassen sich in der Apotheke eine Mischung daraus zusammenstellen. Davon nehmen Sie viermal täglich vier Tropfen ein, die Sie auf die Zunge träufeln. Mindestens zehn Minuten davor und danach sollten Sie nichts essen oder trinken. Das Fläschchen lässt sich auch überallhin mitnehmen, sodass die regelmäßige Einnahme keine weiteren Probleme bereiten dürfte. Allerdings sind Bachblüten in Deutschland nicht als Arzneimittel zugelassen. Daher können die Tropfen, beispielsweise über eine Apotheke, nur aus dem Ausland bezogen werden.
Folgende Bachblüten wirken stimmungsaufhellend:

- **Elm**

Für jene, die das Gefühl haben, zu versagen und den Anforderungen nicht mehr gewachsen zu sein. Die sich körperlich wie geistig ausgelaugt fühlen und »nicht mehr können«.

- **Gentian**

Für eher pessimistische Menschen, die sich schnell entmutigen lassen und negative Erwartungen haben: »Hat doch alles ohnehin keinen Zweck.«

- **Gorse**

Für verzweifelte Menschen, die resigniert und schon aufgegeben haben und sich kaum noch aufraffen können. Kurz, für Menschen, die in ein tiefes Loch gefallen sind.

- **Mustard**

Bei Verzweiflung, Antriebslosigkeit und mangelndem Interesse an der Umwelt. Für Menschen, die nur noch sitzen und vor sich hin starren.

- **Olive**

Bei chronischer Müdigkeit und mangelnder Energie. Für jene, die »ihre Ruhe haben« möchten, weil sie viel geleistet haben und »fix und fertig« sind.

- **Rescue-Tropfen**

Notfalltropfen (Rescue), die in allen Krisen, bei Prüfungen wie auch bei Schockzuständen, schnell helfen. Die Tropfen sind nicht für die regelmäßige Einnahme gedacht, sondern wirklich nur für außergewöhnliche Situationen, die mit großer Angst und Aufregung verbunden sind. Die Rescue-Tropfen setzen sich aus fünf Essenzen zusammen: Star of Bethlehem, Cherry Plum, Impatiens, Rock Rose und Clematis. Sie können bei Bedarf pur oder mit Wasser vermischt eingenommen werden: Vier Tropfen in ein Glas Wasser geben und langsam, in kleinen Schlucken trinken.

Ätherische Öle: gute Laune durch die Nase

Ätherische Öle wirken unmittelbar auf Körper und Seele: Die winzigen Duftmoleküle gelangen über die Nase zum limbischen System im Gehirn. Damit können sie das emotionale Befinden direkt beeinflussen. So kann ein angenehmer Lavendelduft für eine entspannende Atmosphäre sorgen und beruhigen.

Ätherische Öle sind nicht für jeden geeignet. Menschen mit chronischen Krankheiten, **Asthmatiker**, **Allergiker**, **Epileptiker**, **Schwangere** und **Stillende** sollten Rücksprache mit dem Arzt halten.

Die Öle richtig anwenden

Besorgen Sie sich eine Duftlampe nach Ihrem Geschmack. Die Öle bekommen Sie in Apotheken und Reformhäusern. Suchen Sie die Öle sorgfältig aus und kaufen Sie nichts, was Ihnen vom Duft her nicht zusagt. Kaufen Sie auch nur zu 100 Prozent naturreine ätherische Öle. Die billigeren, so

Die Öle können auch als **Badezusatz**, **Massageöl** oder zum **Inhalieren** verwendet werden, doch hier geht es nur um die Verwendung in der **Duftlampe**.

genannten »naturidentischen Öle« oder »Aromaöle« haben keine vergleichbare Wirkung.

- Geben Sie vier bis fünf Tropfen in die mit Wasser gefüllte Schale der Duftlampe, bei größeren Räumen bis zu acht Tropfen.
- Die hoch konzentrierten Öle reizen die Schleimhäute und dürfen daher nicht in die Augen kommen. Ebenso können einige Öle auf der Haut allergische Reaktionen auslösen. Waschen Sie deshalb die Hände gründlich, wenn Sie mit den Ölen hantiert haben.

- Bei depressiver Verstimmung, Lethargie, Traurigkeit:

Basilikum, Bergamotte, Eukalyptus, Geranium, Grapefruit, Jasmin, Kamille, Lemongras, Limette, Mandarine, Orange, Rose, Thymian, Zitrone.
Duftmischungen:
Je 2 Tropfen Basilikum, Melisse und Geranium.
Je 2 Tropfen Jasmin, Zitrone und Orange.

- Bei Unruhe, Nervosität und Angstgefühlen:

Bergamotte, Blutorange, Dill, Geranium, Ginster, Koriander, Lavendel, Majoran, Mandarine, Melisse, Mimose, Muskatellersalbei, Neroli, Rose, Ylang Ylang, Zypresse.
Duftmischung:
Je 2 Tropfen Lavendel, Melisse und Rose.
Je 2 Tropfen Ylang Ylang, Bergamotte und Muskatellersalbei.

Schüßlersalze: Mineralstoffe für Körper und Seele

Das Behandlungssystem mit Mineralsalzen wurde von dem Arzt Wilhelm Heinrich Schüßler (1821–1891) entwickelt. Er führte körperliche und seelische Störungen auf einen gestörten Mineralhaushalt der Zellen zurück.

Seiner These zufolge verändert das Fehlen eines bestimmten Minerals die Zellmembranfunktion. Dies soll durch die verabreichten Salze wieder reguliert werden.
Die Schüßlersalze werden zwar nach dem homöopathischen Verdünnungsprinzip hergestellt, grenzen sich jedoch deutlich von der Homöopathie ab: Diese behandelt Gleiches mit Gleichem, Schüßlersalze jedoch führen bestimmte Mineralstoffe zu und gleichen damit eine Mangelerscheinung im Körper wieder aus.
Es gibt zwölf Schüßlersalze und zwölf weitere, ergänzende Salze, die nach Schüßler entwickelt wurden. Sie bekommen die Salze nur in Apotheken.
Nehmen Sie mindestens eine halbe Stunde vor oder nach dem Essen dreimal täglich zwei Tabletten ein, indem Sie diese langsam auf der Zunge zergehen lassen. Bei akuten Beschwerden nehmen Sie alle 30 Minuten eine Tablette.
Die folgenden Salze wirken stimmungsaufhellend, ausgleichend und beruhigend:

»**Zentrale Bedeutung** für die Zellfunktionen haben **Mineralstoffe**«, lautet der Leitsatz für **Schüßlers Heilmethode**, die er Biochemie nannte.

- **Kalium phosphoricum**

Allgemein stärkend für Psyche und Körper: Es hilft bei depressiven Verstimmungen, mangelnder Motivation, Erschöpfung und Melancholie. Aber auch Beschwerden wie nervöse Unruhe und Angst lassen sich damit lindern.

- **Magnesium phosphoricum**

Gibt Energie und wirkt schmerzstillend: wird bei inneren Spannungen, inneren Blockaden, Engegefühl in der Herzgegend und Angst eingesetzt.

- **Natrium chloratum**

Hilft bei Depressionen und Schuldgefühlen, Appetitlosigkeit, Migräne und Antriebsschwäche. Zudem empfehlenswert gegen allgemeine Nervenschwäche.

Entspannt gut drauf

Der ausgewogene Rhythmus von **Anspannung** und **Entspannung** ist für eine **positive Stimmungslage** ebenfalls unerlässlich. Denn **Hektik** und **Stress** plündern die Reservoirs an Glücksboten in den Nervenzellen: **Wer nie zur Ruhe kommt**, beraubt sich nach und nach seiner Lebensfreude.

Gut gelaunt über Nacht

Schlafen wirkt wie ein Elixier für Körper und Seele: Während wir schlafen, regeneriert sich der gesamte Organismus und mit ihm auch die Nervenzellen. Eine wichtige Voraussetzung dafür, dass die hausgemachten Glückselixiere regelmäßig Nachschub bekommen. Darüber hinaus setzt der Körper im Schlaf schubweise Wachstumshormone zur Erneuerung der Zellen frei – während der Nacht teilen sich die Zellen doppelt so schnell wie tagsüber. Zudem wirken Wachstumshormone wie eine Art Anti-Aging-Hormone: Sie unterstützen den Fettverbrauch und machen die Haut robuster, was die Faltenbildung hinauszögert. Schlaf ist schließlich auch eines der wirksamsten Schönheitsmittel. Ob aber wirklich vor allem der Schlaf vor Mitternacht der beste ist, lässt sich nicht mit Sicherheit sagen.

Abends, wenn es Zeit wird, schlafen zu gehen, wird **Melatonin** ausgeschüttet: Der **Melatoninwert** ist dann nachts etwa **zehnmal höher** als tagsüber.

Auch der Pegel der Abwehrzellen wird nachts wieder aufgestockt. Entsprechend schädlich sind schlaflose Nächte für die Schlagkraft des Immunsystems. Bereits nach einer einzigen durchwachten Nacht sinkt bei einem gesunden Menschen die Zahl der Abwehrzellen um ganze 30 Prozent. Nach drei schlaflosen Nächten reagiert der Körper schließlich, als wäre er von einem Virus befallen.

Phasenweise Erholung und Regeneration

Jeder Mensch durchläuft während seiner Nachtruhe verschiedene Stadien, die sich in Tiefschlaf und Traumschlaf unterteilen. Wie gut wir uns des Nachts regenerieren, hängt nicht nur von der Schlafdauer ab – sondern auch und vor allem von der Tiefe der Ruhe, sprich von der Länge der Tiefschlafphasen. Bei einem gestörten Schlaf finden meist keine Tiefschlafphasen mehr statt. Das ist der Grund dafür, warum man sich am nächsten Tag oft »wie gerädert« fühlt. Schließlich hatte der Körper trotz ausreichender Schlafzeit keine Gelegenheit, sich genügend zu erholen. Auch der Pegel an Glückshormonen kann dann nicht ausreichend aufgestockt werden. Kein Wunder also, dass schlechter Schlaf auf die Stimmung schlägt.

Was uns die Tiefschlafphasen und unsere Gute-Laune-Macher raubt, ist ein hoher Spiegel an Adrenalin. Das Stresshormon lässt uns nachts nicht zur Ruhe kommen und den nächsten Tag erneut mit Anspannung beginnen. Auf Dauer mündet das in chronischer

Kleine Fluchten

Der Hamster im Laufrad weiß es besser: Wenn er müde ist vom vielen Strampeln, legt er sich in sein Häuschen und schläft. Wir Menschen hingegen, diktiert von Zeitdruck und Terminen, kreisen ständig weiter im Getriebe des Alltags. Warum sich nicht ein Beispiel nehmen und in der Tretmühle kurz innehalten. Eine Auszeit nehmen: Beim Spaziergang um den Hausblock, beim Espresso in der Cafeteria um die Ecke. Morgens geht man vielleicht von zu Hause nicht gleich direkt ins Büro, sondern macht noch einen Abstecher ins Café oder spaziert ein wenig durch den Stadtpark. Nach Feierabend lassen sich bei einer Spritztour mit dem Fahrrad wunderbar die Ereignisse des Tages verarbeiten. Der geringe Aufwand solcher kleinen Fluchten verhält sich umgekehrt proportional zum Gewinn an Lebensfreude: Der nämlich ist enorm.

Erschöpfung – der Körper gerät in einen ständigen Stress- und erhöhten Erregungszustand.
Dem Adrenalinausstoß gilt es vor allem gegen Abend langsam, aber sicher einen Riegel vorzuschieben: durch ein Vollbad mit einem Zusatz beruhigender Kräuter wie Melisse, Lavendel oder Sandelholzöl, eine sanfte Fußmassage, einen abendlichen Spaziergang, entspannende Lektüre oder Musik (siehe unten).

Schlaf kennt keine Zeit

Um rund 15 Prozent der Bundesbürger macht das Sandmännchen einen Bogen: Sie leiden regelmäßig unter Ein- und Durchschlafstörungen. Allerdings werden Probleme mit der Nachtruhe subjektiv sehr unterschiedlich empfunden. Ergebnisse der modernen Schlafforschung zeigen, dass die Schlafdauer auch bei gesunden Schläfern höchst variabel ist: Die Palette variiert zwischen fünf bis zehn Stunden.

Info: Fünf-Minuten-Schlaf

Konrad Adenauer war darin perfekt: Er hielt im Plenarsaal ein kurzes Nickerchen und war danach wieder frisch für die nächsten Debatten. Ein kurzer und intensiver Schlaf nach des Altkanzlers Manier galt im alten China mit als bestes Mittel für Langlebigkeit und Gesundheit. Versuchen Sie sich also auch im Fünf-Minuten-Tiefschlaf: Dazu gehen Sie nicht ins Bett, sondern setzen sich bequem auf einen Stuhl oder legen sich auf den Boden. Schließen Sie die Augen und wiederholen Sie eine Wortschöpfung im Geiste – irgendein Kunstwort, das keinen Sinn ergibt. Das hilft, zur Ruhe zu kommen und die Gedanken loszulassen. Bei den ersten Malen wird es Ihnen noch etwas schwerfallen, zum Schlaf zu finden. Jeder weitere Versuch trainiert Ihrem Bewusstsein jedoch mehr und mehr an, sich für eine Weile zurückzuziehen und das Regiment der Tiefenentspannung zu überlassen.

Eine verkürzte Schlafzeit ist per se also noch nicht als krankhaft einzustufen. Möglicherweise sind Sie einfach ein »natürlicher« Kurzschläfer. Dennoch, wer regelmäßig nur auf drei oder vier Stunden Schlaf kommt, gibt Körper und Geist nicht die Möglichkeit, die Batterien wieder vollständig aufzuladen.

Andererseits macht zu viel Schlaf schlapp. Nach zehn oder zwölf Stunden Schlaf ist der Körper genügend erholt – meist über die Maßen. Weshalb die langen Nächte nicht mit vermehrter Vitalität quittiert werden. Sondern ganz im Gegenteil fühlt man sich wie gerädert, energielos und träge. Klar, denn der Serotoninspiegel ist im Keller.

Schlafstörungen können auch Symptome **psychischer Beschwerden** sein: Bei depressiven Verstimmungen sind sie oft das **erste** und **wichtigste** Anzeichen.

Betreiben Sie Schlafhygiene

Sie haben richtig gelesen – so heißt bei Schlafforschern, was Ihnen wieder zu ungestörten Träumen verhelfen kann.

- Trinken Sie nach 17 Uhr nichts Koffeinhaltiges mehr. Vor allem das Koffein im Tee ist über einen langen Zeitraum wirksam und kann Sie bis in die tiefe Nacht vom Schlaf abhalten.
- Verzichten Sie möglichst auf Alkohol, Nikotin, Cola oder Tee vor dem Zubettgehen.
- Für das Abendessen gilt: nicht zu spät und zu üppig. Sonst kommt das Verdauungssystem nicht zur Ruhe und Sie damit auch nicht. Meiden Sie besonders Rohkost, denn zu deren Verdauung muss der Körper Höchstleistungen erbringen. Gut sind abends Pastagerichte, Suppen sowie Fisch und Gemüse.
- Bereiten Sie sich mit beruhigenden, entspannenden Tätigkeiten auf die Nacht vor. Ideal ist z. B. ein kurzer abendlicher Spaziergang.
- Verzichten Sie auf das Nickerchen tagsüber. Wenn Sie mal von der Müdigkeit übermannt werden, dann schlafen Sie nur ein paar Minuten. Erlaubt ist der Fünf-Minuten-Schlaf (s. links).
- Sorgen Sie für frische Luft und ausreichende Abdunkelung im Schlafzimmer. Halten Sie dieses zudem kühl – 14 bis 18 °C –, aber vermeiden Sie Zugluft.

- Liegen Sie wach im Bett, sollten Sie sich nicht hin- und herwälzen, Schafe zählen und sich ärgern. Sondern lieber aufstehen. Und in einem Buch schmökern oder Fotos sortieren. Oder Sie kochen sich einen schönen (Kräuter-)Tee, trinken ein Glas warme Milch oder Kakao. Werden Sie dann müde, starten Sie einen neuen Versuch.
- Sitzen Sie vor dem Schlafen nicht zu lange vor dem Computer oder Fernseher. Medienkonsum verschlechtert den Schlaf, warnen uns Schlafforscher.
- Hilft alles nichts, raten Experten zu einer Gruppentherapie. Dort lernen Sie Entspannungsübungen und erhalten weitere hilfreiche Tipps zur Schlafhygiene und wie Sie Ihren Schlaf wieder eintakten können.
- Sehen Sie nachts nicht auf die Uhr: Der Blick auf den Wecker macht nur weiter Stress und hält Sie davon ab, endlich einzuschlafen.

Info: Immer im Stress?

Hirnforscher haben herausgefunden, dass Stress das Ergebnis dessen ist, wie wir Anforderungen wahrnehmen. Einfacher gesagt: Stress ist hausgemacht. Solange wir uns einer Situation gewachsen fühlen, ist alles gut. Wehe aber, wenn uns das Problem überfordert, wir keine Lösung parat haben. Dann zeigt uns Stress seine dunkle Seite, bringt uns aus dem Gleichgewicht, macht uns aggressiv und lässt uns verzweifeln: Wir sind mitten im Distress. Und damit gibt es nur Minuspunkte zu sammeln. Ob Lebenselixier oder schleichendes Gift, darüber bestimmt, was den Stress auslöst. Wird der Körper zum Beispiel durch einen Sprung ins kalte Wasser in Alarmbereitschaft versetzt, ist ihm dies nur von Nutzen. Alles verkehrt sich ins Negative, wenn der Körper pausenlos Stresshormone ins Blut kippt. Dann wird das, was die Evolution zum Schutz in akuten Gefahrensituationen entwickelt hat, zum Risiko.

Schlafen Sie gut …

… und damit glücklich. Wenn Sie unter Schlafstörungen leiden, probieren Sie mal Folgendes:

- **Baldriantinktur**
Unmittelbar vor dem Schlafengehen 20 bis 30 Tropfen mit etwas Wasser einnehmen.

- **Lavendel**
Ein kleines Wundermittel gegen Schlaflosigkeit: Geben Sie drei bis vier Tropfen reines ätherisches Öl ins Badewasser und zwei Tropfen auf ein Tuch unter den Kopfkissenbezug.

- **Fencheltee**
Ein bis zwei Tassen vor dem Schlafengehen in kleinen Schlucken trinken.

»Die **Umwelt** lässt sich nicht verändern, wohl aber **das Verhältnis dazu**«: Nicht das, was auf uns **einwirkt**, sondern **wie** wir **damit umgehen**, macht uns Stress.

- **Teemischung**
2 TL Baldrianwurzeln und Hopfenzapfen mit ¼ l kochendem Wasser übergießen, 15 Minuten ziehen lassen, vor dem Zubettgehen trinken.

- **Nasse Socken**
Baumwollsocken in kaltes Wasser tauchen, auswringen, nass anziehen; darüber zwei Paar trockene Wollsocken.

- **Lauwarmes Vollbad**
35 bis 37 °C, max. fünf Minuten, danach mit kaltem Waschlappen abwaschen und mit noch feuchter Haut ins Bett.

- **Milchshake**
In Milch befindet sich besonders viel Tryptophan. Daher ist folgender Shake eine wunderbare Einschlafhilfe: 200 Milliliter warme Milch zusammen mit 1 TL Blütenhonig, 1 bis 2 EL Haferflocken, ½ TL geraspeltem Ingwer und einer Banane in einen Mixer geben. Kräftig durchmixen und dann genießen. Wenn Sie danach noch ein heißes Bad nehmen, steht einer geruhsamen Nacht nichts mehr im Weg.

Überlisten Sie Ihr vegetatives Nervensystem

Genau genommen müsste es eigentlich Autosuggestion heißen. Denn beim Autogenen Training findet statt, was biologisch prinzipiell nicht möglich ist: Atmung, Herzschlag, Blutdruck und andere Prozesse willentlich zu beeinflussen. All diese Funktionen unterliegen samt und sonders der Kontrolle des vegetativen Nervensystems. Und das agiert vollkommen autonom – das heißt, es lässt sich nicht reinreden. So können Sie beispielsweise nicht bewusst beschließen, dass Ihr Herz nun langsamer schlägt.

Ist Stress durch **Erfolgserlebnisse** und **Anerkennung** gekrönt, hat er durchaus sein Gutes und heißt demnach – von griechisch eu, gut – **Eustress**.

Es sei denn, Sie tun, was sich der Psychologe Johannes Heinrich Schultz ausdachte: gehen einen Umweg über das Gehirn. Körperliche Vorgänge können nämlich beeinflusst werden, indem Nervenimpulse den Spannungszustand der Muskeln verändern. Eine Kaskade von Reaktionen sorgt, ausgehend von den grauen Zellen im Oberstübchen, dafür, dass körperliche Funktionen wie Atmung oder Verdauungstätigkeiten entspannter ablaufen. Das vegetative Nervensystem wird also gewissermaßen ausgetrickst.

Bis das klappt, bedarf es allerdings einiger Übung. Rund zehn Sitzungen zu Anfang und dann dreimal täglich einige Minuten, so raten Experten, ermöglichen es, dem Vegetativum vorübergehend das Kommando abzunehmen. Und den getriebenen Körper wieder auf Ruhe einzustimmen.

Die Methode von Seelenarzt Schultz ist heute international als wirksame Behandlung zahlreicher Beschwerden anerkannt. In fast tausend Studien ist die umfassende Wirksamkeit des Autogenen Trainings nachgewiesen worden. Schultz' Ruheformeln helfen dabei, sich besser zu entspannen und so mehr Lebensqualität zu finden, aber Sie wirken auch bei vielen körperlichen und psychischen Krankheiten. Auf der Liste der Heilanzeigen stehen unter anderem Schmerz- und Angstzustände, leichte bis mittelschwere Depressionen und Spannungskopfschmerzen. Autogenes Training lindert auch rheumatische und klimakterische Beschwerden, Asthma sowie Neurodermitis und wirkt sich positiv auf Bluthochdruck aus. Studien zeigten darüber hinaus, dass die Konzentration von Triglyzeriden und LDL-Cholesterin – die »bösen« Fette, die unserem Körper schaden – deutlich sinken.

Grundübung zum Einstieg

Anbei einige Übungen, die Sie mal ausprobieren können. Dazu gilt es, sich ausschließlich auf seinen eigenen Körper zu konzentrieren. Man liegt dazu auf dem Rücken oder befindet sich in der so genannten Droschkenkutscherhaltung und stellt sich ein bestimmtes Körpergefühl vor – beispielsweise »mein linkes Bein wird ganz schwer«. Nach einiger Zeit der Konzentration auf dieses Gefühl empfinden Sie es dann tatsächlich: Ihr Körper hat reagiert. Auf diese Weise können Sie eine Muskelentspannung am ganzen Körper herbeiführen, die meist als Wärme und Schwere erlebt wird. Und die Herzschlag, Atmung und Organfunktionen enorm positiv beeinflusst.

- **Schwereübung**

Zunächst konzentrieren Sie sich auf einen bestimmten Körperteil, einen Arm oder ein Bein: »Mein Arm ist ganz schwer.« Dieses Gefühl dehnen Sie dann nach und nach auf den gesamten Körper aus.

- **Wärmeübung**

Wie bei der Schwereübung stellen Sie sich vor, dass ein bestimmter Körperteil sich ganz warm anfühlt. Diese wohltuende Wärme verbreiten Sie dann nach und nach über den ganzen Körper.

- **Atemübung**

Ihre Formel: »Mein Atem ist ganz ruhig.«

- **Bauchübung**

Richten Sie Ihre Konzentration nun auf den Oberbauch: Dabei wird Wärme in diesen Bereich des Körpers geleitet.

- **Herzübung**

Durch die Konzentration auf den Takt Ihres eigenen Herzschlags wird dieser gleichmäßig und ruhig.

Um binnen weniger Minuten in den gewünschten Entspannungszustand hinübergleiten zu können, bedarf es einiger Übung. Deshalb sollten Sie die Technik auch unter professioneller Regie im Rahmen eines Kurses erlernen. Volkshochschulen bieten beispielsweise solche Veranstaltungen an, die meist recht gut und dabei nicht teuer sind.
Sind Sie bei einem Arzt oder psychologischen Psychotherapeuten in Behandlung, der eine Zusatzausbildung für das Autogene Training besitzt, so kann die Anleitung dafür mit der Krankenversichertenkarte abgerechnet werden. Ebenso bieten inzwischen viele Krankenkassen eigene Kurse für Autogenes Training im Rahmen der Prävention an.

Relaxen Sie progressiv

Die Methode der progressiven Muskelentspannung oder Muskelrelaxation geht auf den amerikanischen Physiologen Edmund Jakobson (1885–1976) zurück. Der kam bereits vor 90 Jahren zum richtigen Schluss, dass sich anhaltender Stress negativ auf unsere Gesundheit auswirkt. Die dauerhafte Ausschüttung von Stresshormonen lässt die Muskeln nach und nach verspannen. Gezieltes Anspannen und abruptes Entspannen bestimmter Muskelgruppen könne daher eine tief gehende »Relaxation« bewirken, so die Überlegung Jakobsons. Ein einfaches Prinzip, das auch tatsächlich funktioniert: Die kräftige Anspannung führt zur verstärkten Durchblutung des Muskels. In der Entspannungsphase empfindet man das als angenehme Wärme. Sie durchströmt den Körper und bewirkt Entspannung rundum. Wie wirkungsvoll der Wechsel von An- und Entspannung ist, zeigen wissenschaftliche Untersuchungen: Über 120 Studien weltweit bestätigen die positiven Effekte dessen, was sich der Physiologe einst ausdachte.

Chronischer Stress nimmt uns die **Motivation**, nagt an der **Konzentration**, **schwächt das Immunsystem** und **nährt die Schutzschicht** um die Hüften.

Muskelrelaxation gilt heute als sehr wirksame Behandlungsmethode bei zahlreichen Beschwerden. Angstzustände, Nervosität und Schlafstörungen lassen sich nachhaltig verbessern, ebenso wie

Schmerzkrankheiten, Asthma, Morbus Crohn und rheumatische Beschwerden, Fibromyalgie und Wechseljahrbeschwerden. Auch zur Linderung der Nebenwirkungen von Chemotherapien hat sich das Verfahren bewährt. Wie übrigens auch für Gesunde und ganz generell im Alltag: Wer gelernt hat, sich progressiv zu entspannen, ist für stressige Situationen besser gewappnet. Und schnell wieder relaxed – ob im Bus, in der Konferenz oder beim Streit mit dem Partner. Mit den Muskeln können Sie überall und jederzeit spielen. Ohne dass Ihr Gegenüber überhaupt etwas bemerkt …
Jakobsons Muskelspiele sind schnell und einfach zu erlernen – allerdings am besten unter fachkundiger Anleitung. Kurse werden heute von Bewegungstherapeuten, Psychologen, Ärzten oder Sportlehrern angeboten. Auch viele Kliniken haben Muskelrelaxation bereits für ihre Patienten in den Behandlungskanon aufgenommen.
Für zu Hause empfehlen sich Kassetten, CDs und Videos, denn auch hier gilt: Übung macht den Meister. Um von den Wirkungen der Muskelrelaxation zu profitieren, sollten dreimal wöchentlich 30 Minuten investiert werden. Nur so lernen die Muskeln, sich schnell und effektiv zu entspannen.

Das **Wechselspiel** von **An-** und **Entspannung** bestimmter Muskelgruppen bewirkt eine tiefgehende **»Relaxation«.**

Grundübung zum Einstieg

Das Grundprinzip der Übungen besteht darin, dass Sie eine Muskelgruppe zunächst kräftig anspannen und danach entspannen. Normalerweise beginnen die Übungen mit den Muskeln einer Hand. Danach sind die Muskelpartien des Oberarmes dran. Nach und nach schreiten die Übungen dann über alle Muskelgruppen des Körpers voran – daher auch die Bezeichnung »progressiv«, voranschreitend.
Setzen Sie sich bequem auf einen Stuhl, der Rücken ist angelehnt, die Füße stehen fest auf dem Boden. Schließen Sie nun die Augen und legen Sie die Hände locker auf die Oberschenkel. Ballen Sie die rechte Hand zur Faust, bis Sie die Muskeln deutlich spüren, jedoch ohne zu verkrampfen. Halten Sie die Spannung etwa fünf bis zehn Sekunden. Ertasten Sie mit der anderen Hand die gespannten Muskeln an Faust und Unterarm.

Beim nächsten Atemzug lösen Sie die Spannung. Sie öffnen die Faust und lassen den Arm für 30 Sekunden ruhig liegen. Achten Sie auf den Unterschied zwischen der Anspannung vorher und der Entspannung jetzt, und bleiben Sie mit Ihrer inneren Aufmerksamkeit bei den Muskeln, die Sie gerade angespannt hatten. Ertasten Sie die lockeren Muskeln und spüren Sie ihre entspannte Weichheit.

Yoga: seit 3500 Jahren bewährt

Yoga ist keineswegs nur eine Wohltat für den spirit. Was den Geist auf Reisen schickt und die Seele zur Ruhe bringt, regeneriert auch den Körper. Wie sehr, haben viele Studien inzwischen gezeigt. Und damit bestätigt, was über Jahrhunderte hinweg zahllose Menschen am eigenen Leib erfahren haben. Nicht nur in der Heimat des Yoga. Auch der Westen hat die Asanas entdeckt. Auf ihr regelmäßiges Yoga wollen viele nicht mehr verzichten. Aus guten Gründen: Regelmäßig betrieben, ist Yoga eine der wirksamsten Methoden zur aktiven Entspannung. Die Ausschüttung der Stresshormone wird gedrosselt und dafür der Serotonin- und Endorphinspiegel hochgefahren. Die Konzentration verbessert sich, Sie werden zusehends ausgeglichener und gelassener.
So fällt es wesentlich leichter, Probleme aus mehr Distanz heraus zu betrachten. Zugleich mit der Psyche profitiert auch der Körper: Muskeln, Sehnen, Bänder und Gelenke werden durch die Übungen des Hatha-Yoga wieder beweglicher und geschmeidiger. Der gesamte Körper wird besser durchblutet, Muskelverspannungen werden gelöst, Rücken, Beine und Bauch gekräftigt. Die Übungen schulen das Körperbewusstsein und die Konzentration auf die Bewegungsabläufe verstärkt die tiefe Entspannung.

Extra:

Zügel für den unruhigen Geist

Was Vitalität und Wohlbefinden rundum steigert, hat eine lange Geschichte: Der Begriff Yoga tauchte bereits in den alten vedischen Schriften auf. Die Yogasutras stammen aus der Zeit von 200 v. Chr. bis 400 n. Chr. und haben ihre Wurzeln im Hinduismus. Im Laufe der Jahrhunderte entwickelten sich die heute bekannten Yogatechniken. Die alle das gleiche Ziel verfolgen: eine höhere Bewusstseinsstufe durch »Zügeln des ewig unruhigen Geistes« zu erlangen. Dafür steht das Sanskrit-Wort »yui«, von dem sich der Begriff Yoga ableitet.

Yoga sollten Sie zunächst mit einem Lehrer praktizieren, der den Anforderungen des Berufsverbandes der Yogalehrenden (BDY) genügt. Dazu gehören eine mindestens zweijährige Ausbildung zum Yogalehrer, Lehrproben und Unterrichtspraktika sowie Grundkenntnisse der Yogaphilosophie sowie in Anatomie und Physiologie.
Zum Schnuppern dennoch nachfolgend ein Zyklus, der den Körper rundum aktiviert, sowie eine Übung zum Entspannen zwischendurch.

Ein **Sonnengrußzyklus** sollte von **einem Durchgang** langsam auf **sechs Durchgänge** gesteigert werden. Wichtig ist, dass Sie bei allen Übungen **ruhig** und **entspannt** atmen.

Suryanamaskar: der Sonnengruß

Der gläubige Hindu, so wollen es Brauch und Religion, verneigt sich jeden Morgen vor der Sonne und dankt für ihre Leben spendenden Strahlen. Daraus entstand Suryanamaskar, der Sonnengruß, der sich aus zwölf Bewegungen zusammensetzt. Dieser Zyklus stärkt und streckt die Muskeln, bringt den Kreislauf in Schwung, macht wach und hält fit. Und ist eine ideale Alternative zu einem voll durchgeturnten Asanaprogramm, wenn Sie mal nur wenig Zeit haben. Denn der Sonnengruß beansprucht, je nach Anzahl der Wiederholungen, höchstens zehn Minuten Zeit. Dafür hat er aber viele positive Effekte, die das ausgefallene Yoga zu einem Teil ersetzen können.

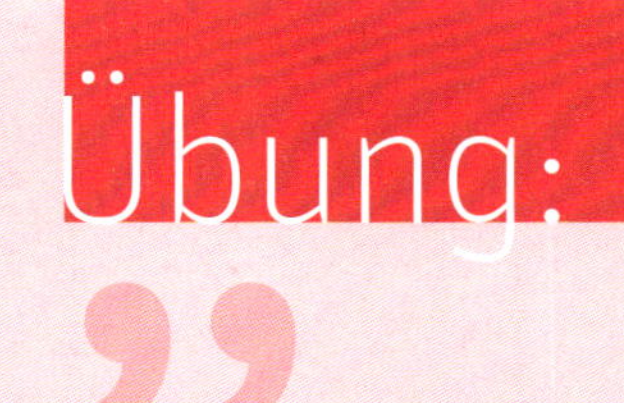

1. Gehen Sie in die Ausgangsstellung: Stehen Sie dabei aufrecht, falten die Hände vor dem Brustbein und stellen Sie die Füße parallel nebeneinander. Atmen Sie entspannt ein und aus.

2. Beugen Sie sich mit ausgestreckten Armen nach hinten über. Die Beine bleiben dabei gestreckt.

3. Dann beugen Sie sich langsam nach vorne. Versuchen Sie, bei durchgedrückten Knien mit Ihren Fingerspitzen den Boden zu erreichen.

4. Nun bewegen Sie sich in Bodennähe. Dazu machen Sie einen weiten Grätschschritt nach hinten. Das rechte Bein ist dabei gestreckt, das linke angewinkelt. Ihre Hände stützen Sie vor dem abgewinkelten Bein parallel zueinander auf den Boden.

5. Stützen Sie sich weiter mit den Händen auf dem Boden auf. Strecken Sie nun das eben angewinkelte Bein auch in einem Grätschschritt nach hinten aus und recken Sie Ihren Po steil nach oben. Ihr Gesicht blickt dabei in Richtung Ihrer Knie.

6. Gehen Sie nun wieder hinunter zum Boden in Liegestützstellung mit Hohlkreuz.

7. Drücken Sie sich dann mit den Armen nach oben und strecken dabei den Rücken gerade durch. Die Liegestütze können Sie von Tag zu Tag steigern.

8. Gehen Sie nun wieder in Stellung 5.

9. Nun führen Sie denselben Grätschschritt wie in Übung 4 durch. Allerdings strecken Sie jetzt das linke Bein aus und winkeln das rechte an.

10. Entfernen Sie sich wieder vom Boden und gehen erneut in Stellung 3. Versuchen Sie dabei wieder, bei durchgedrückten Knien mit Ihren Fingerspitzen den Boden zu erreichen.

11. Strecken Sie sich jetzt wieder nach oben aus wie in Übung 2 und recken Sie Arme und Oberkörper weit nach hinten.

12. Beenden Sie den Sonnengruß, wie Sie ihn begonnen haben, mit Übung 1 in aufrechter Stellung und vor dem Brustbein gekreuzten Händen. Bleiben Sie noch einige Atemzüge lang in dieser Stellung stehen und beginnen dann den nächsten Zyklus.

Entspannung pur: Shavasana

- Dazu legen Sie sich mit vollkommen gerader Wirbelsäule auf den Rücken, die Arme etwas seitlich vom Körper, mit den Handflächen nach oben, die Beine leicht gespreizt, die Zehen fallen nach seitlich außen.
- Schließen Sie die Augen und atmen Sie locker und entspannt aus und ein.
- Beginnen Sie dann, jeden Körperteil bewusst zu spüren und zu entspannen – beginnend am Kopf, dann die Arme und Hände, Beine und Füße und schließlich den Bauch.
- Richten Sie die gesamte Aufmerksamkeit auf den Bereich um den Nabel – vielleicht stellen Sie sich vor, wie über den Nabel Energieströme eintreten und sich von dort über den gesamten Körper verteilen.
- Nach einigen Minuten reiben Sie beide Handflächen schnell gegeneinander und legen sie über die Augenhöhlen. Dann öffnen Sie die Augen und schauen eine Zeit lang in die Handflächen hinein. Noch einmal die Augen schließen, in die Hände schauen und dann langsam aufsetzen.

Ein ein Klassiker zur inneren Einkehr: Der »halbe Lotossitz«

- Setzen Sie sich auf ein nicht zu weiches Kissen und überkreuzen die Beine, wie im »Schneidersitz«. Der Rücken ist gerade und aufrecht, die Hände ruhen auf den Knien, Daumen und Zeigefinger können einander berühren.
- Ihr Atem geht leicht. Die Augen sind nicht geschlossen, sondern das Lid ist nur leicht herabgesunken.
- Richten Sie Ihren Blick auf einen Gegenstand in der Nähe oder auf den Boden.
- Ihre innere Konzentration richtet sich auf die Region unterhalb des Bauchnabels.
- Versuchen Sie, aufkommende Gefühle und Gedanken nicht zu beachten. Falls Ihre Aufmerksamkeit abschweift, versuchen Sie sie wieder auf die Bauchnabelregion hinzulenken. So bleiben Sie etwa fünf Minuten sitzen.
- Dann lösen Sie die Aufmerksamkeit auf Ihr Inneres wieder, atmen einige Male tief ein und aus und erheben sich.

Yoga schenkt Ruhe und innere Kraft

Immer mehr Menschen entdecken die **fernöstlichen** Körperübungen für sich uns möchten deren **positive Wirkung** nach mehr missen.

Interview mit Ariane Heck, Yogalehrerin und Inhaberin der Yogaschule München. Dort unterrichtet sie den klassischen Hatha-Yoga. Über viele Jahre lernte Ariane Heck die verschiedenen Yogarichtungen kennen, aber bei Hatha-Yoga hat sie am deutlichsten das Gefühl, dass Atem, Körper und Geist gleichermaßen angesprochen und entspannt werden.

Wie sind Sie zum Yoga gekommen?

Eigentlich ist mir Yoga schon in den 1970er-Jahren aufgefallen. Die Taschenbücher über Yoga im Bücherschrank meiner Mutter haben mich magisch angezogen und ich habe versucht, die Stellungen auf den Fotos nachzumachen. Damals war ich etwa zehn Jahre alt. Später habe ich dann im Studium aus Neugier einen Yogakurs belegt. Ich fühlte, wie es mir nach jeder Yogastunde besser ging. Im Laufe der Zeit stellte sich bei mir die Gewissheit ein, dass Yoga mein Leben bereichert und mir auf den wichtigen Ebenen des Lebens – also körperlich, geistig, emotional – einfach guttut. Er entspannt, klärt und kräftigt in jedem dieser Bereiche. Ich war auch dankbar, nach langem Suchen in der Philosophie und Psychologie endlich etwas gefunden zu haben, das mir Antworten auf die Fragen des Lebens lieferte. Vor allem faszinierte mich, dass diese Antworten sich nicht nur auf intellektueller Ebene bewegten, sondern durch die Mittel des Yoga und konkrete eigene Erfahrungen erlebbar und nachprüfbar waren.
Ich bin seit nunmehr fünfzehn Jahren immer mit Yoga in Verbindung geblieben – er ist mein ständiger Begleiter und wird es auch weiterhin bleiben.

Können Sie erläutern, was Yoga eigentlich ist und wo er seinen Ursprung hat?

Yoga hat eine lange Geschichte: Er entstand vor etwa 3500 Jahren in Indien. Vor etwa 2000 Jahren schrieb der Weise Patanjali das Yogawissen seiner Zeit nieder: »Yoga ist der Zustand, in dem die Aktivitäten des Geistes beruhigt sind.« Die meisten heute gelehrten Yogarichtungen orientieren sich an Patanjali oder sind zumindest durch ihn beeinflusst. Diese Definition drückt aus, dass Yoga ursprünglich eine reine Geistes- und Konzentrationsschulung war. Körperübungen im heutigen Sinn waren noch unbekannt.

Der Begriff Yoga leitet sich vom Wort yuj ab, was so viel wie anschirren, zügeln bedeutet. Das drückt aus, dass der Yoga den Körper, Atem und Geist – wie ein Pferdegespann – anschirrt, sodass sie ein gemeinsames »Gespann« bilden. Im heutigen Alltagsbewusstsein werden diese drei Ebenen leider meist nicht als Einheit wahrgenommen. Das ist der Grund dafür, dass der Mensch nicht mehr »in seiner Mitte« ruht. Der Körper wird kaum wahrgenommen – es sei denn, etwas stimmt nicht – und der Atem ist oft flach und unbewusst. Die Hinwendung nach innen und das Verweilen im Augenblick, das im Yoga geübt wird, helfen, bei sich anzukommen, zu seinem eigenen Wesenskern vorzudringen. Man könnte das Ziel des Yoga auch so formulieren: Der Geist wird zur Stille gebracht, um letztlich innere Freude und Glück erfahren zu können. Sie harmonisieren Ihre körperlichen Kräfte, verbessern Ihre Körperwahrnehmung und bündeln Ihren Geist. Die Entspannung, Stärkung und Flexibilisierung des ganzen Körpers geschieht ganz nebenbei.

Glauben Sie, dass Menschen, die Yoga machen, besser mit Krisen fertigwerden?

Auf jeden Fall. Yoga hilft nicht nur dabei, die Krisen erst gar nicht so stark eskalieren zu lassen, sondern auch, das Entstehen von Problemen frühzeitig zu bemerken und darauf zu reagieren – und so unter Umständen eine Krise zu vermeiden. Wenn eine Krise erst einmal da ist, dann bietet Yoga Mittel, in schwierigen Situationen zu entspannen. Es gibt einen großen Fundus von Entspannungs- und Regenerationstechniken. Verschiedene Körper-, Atem- und Geistesübungen helfen, eine Lebenssituation loszulassen, aber auch das, was ist, anzunehmen. So kann die innere Kraft langsam wieder wachsen.

Wie oft sollte man Yoga ausführen?

Regelmäßiges Üben bringt die deutlichsten Effekte hervor. Ideal ist es natürlich, wenn man Yoga täglich ausführt. Sehr gut ist es, wenn man drei- bis viermal in der Woche Gelegenheit dazu hat. Wenn man einige Wochen dabei ist, ist es, als wenn sich der Organismus an die zuvor erlebten Eindrücke erinnert: Man ist schnell auf den Augenblick und das Tun zentriert und ganz gegenwärtig. Man lernt, den Alltag aus- und wieder anzuschalten. Für eine deutlich entspannende Wirkung sollte man täglich 15 bis 30 Minuten üben, sich dabei aber nur so viel vornehmen, wie man auch einhalten kann. Ein so gestaltetes Programm hilft, die Disziplin zu halten.

Atmen Sie auf

In stressigen Situationen bleibt uns die Luft weg und oftmals ist keine Zeit mehr zum Luftschnappen. Aus solchen Redewendungen geht hervor, wie eng Atmung und geistig-seelische Verfassung verbunden sind. Nur logisch, denn falsches, vor allem zu flaches Atmen kann zu einer Unterversorgung mit Sauerstoff führen. Was Muskeln und Organe, vor allem das Gehirn, in ihrer Leistungsfähigkeit deutlich einschränkt. Bei der Atemtherapie werden diese Defizite ausgeglichen: Sie lernen, auch in belastenden Situationen kontrol-

Info:

Schicken Sie Ihre Fantasie auf Reisen

Legen Sie sich auf eine weiche Unterlage, schließen die Augen und legen die Handflächen auf den Bauch. Nun stellen Sie sich eine Kulisse vor, ganz nach Ihrem Geschmack: Strand mit peitschendem Wasser, Blumenwiese mit Vogelgezwitscher, prasselndes Kaminfeuer in einer verschneiten Berghütte … Stellen Sie sich auch die Geräusche dazu vor. Dabei atmen Sie tief in den Bauch, sodass sich Ihre Bauchdecke unter Ihren Händen deutlich hebt und senkt. Zählen Sie langsam bis 20, danach rückwärts. Wenn Sie wieder bei eins angelangt sind, atmen Sie noch einmal tief durch, dann öffnen Sie die Augen und kehren in die Realität zurück.
Die Bauchatmung ist für die Entspannung wichtig, denn Sie nehmen dabei mehr Sauerstoff auf als bei der flachen Brustatmung, und das bedeutet mehr Energie. So können Sie sie üben: Atmen Sie durch die Nase tief ein, bis in den Bauch, sodass Sie spüren, wie sich die Bauchdecke hebt und senkt, wenn Sie die Hände darauflegen. Dann atmen Sie durch den Mund aus. Atmen Sie bewusst und langsam ein und aus, verfolgen Sie im Geist den Weg des Atems durch Ihren Körper.

liert und richtig zu atmen. Schließlich wird Atmen über unser vegetatives Nervensystem gesteuert. Umgekehrt können wir auch das vegetative Nervensystem über die Atmung beeinflussen und harmonisieren: Sie können Ihre Atemtechnik so verfeinern, dass sich die Sauerstoffversorgung des Körpers spürbar verbessert. Und damit auch die Bereitstellung der hauseigenen Glücksstoffe. Denn auch ihnen kann die Luft ausgehen, wenn wir nicht immer wieder aufatmen.

Im **Sanskrit**, der indischen Hochsprache, existiert für **»Atem«** und **»Leben«** das gleiche Wort: **»Prana«**, die Lebensenergie atmen bedeutet Leben.

So trainieren Sie Ihre Zwerchfellatmung

Das Zwerchfell ist ein wesentlicher Teil der Atemmuskulatur. Wenn Sie einmal richtig tief einatmen, merken Sie das deutlich: Das Zwerchfell wölbt sich nach unten und der Bauch wird nach vorne gedrückt.

- Stellen Sie sich aufrecht mit geschlossenen Füßen hin. Die Arme hängen locker herab.
- Jetzt stellen Sie sich vor, dass Ihr Bauch ein Blasebalg ist, der die Luft durch die Luftröhre hinausbläst.
- Atmen Sie ein und blähen den »Blasebalg« so richtig auf.
- Dann drücken Sie die Luft mit dem Blasebalg wieder aus der Lunge hinaus.
- Legen Sie dabei die Hände auf den Bauch und spüren Sie seinem Heben und Senken während des Atmens nach.
- Nach wenigen Minuten verspüren Sie eine tiefe Entspannung und Ihr Körper ist wieder mit Sauerstoff aufgetankt.

Pranayama

Beim Pranayama handelt es sich um eine einfache Atemübung aus dem Yoga. Sie entspannt ungemein und ist ideal, wenn Sie zwischendurch einen »toten Punkt« haben und schnell wieder wach und fit werden wollen. Übrigens hilft Pranayama auch gegen Kopfschmerzen – greifen Sie also erstmal an die Nase, anstatt gleich zur Tablette.

- Setzen Sie sich bequem auf einen Stuhl oder im Schneidersitz auf den Boden und atmen Sie mehrmals hintereinander ruhig ein und aus. Versuchen Sie, Kopf und Rücken möglichst gerade zu halten – Kopf, Schultern und Hüften sollten eine Linie bilden – und legen Sie Ihre linke Hand vor den Bauch.

- Nun verschließen Sie mit dem rechten Daumen das rechte Nasenloch und atmen langsam durch das linke Nasenloch ein. Wenn Sie eingeatmet haben, verschließen Sie das linke mit Ihrem Ringfinger, öffnen das rechte Nasenloch wieder und atmen langsam aus.
- Atmen Sie wieder durch das rechte Nasenloch ein. Wenn Sie eingeatmet haben, verschließen Sie mit dem Daumen das rechte Nasenloch, öffnen das linke und atmen dadurch aus.
- Diesen Zyklus – links einatmen, rechts ausatmen und rechts einatmen, links ausatmen – wiederholen Sie insgesamt viermal.

Extra:

Meridiane, die Wege des Lebens

Die Meridiane sind nicht mit den Augen zu erkennen oder anatomisch nachzuweisen. In wissenschaftlichen Untersuchungen wurde jedoch festgestellt, dass die Haut entlang der Meridianverläufe dünner ist und dass Nerven, die dort enden, wesentlich ausgeprägter sind als sonst am Körper. Darüber hinaus bewegen sich Schallwellen und Infrarotstrahlen auf den Meridianen schneller und mit höherer Frequenz fort als an anderen Körperstellen.

Akupunktur: Stich für Stich zum Serotoninschub

Akupunktur – von »acus«, Nadel, Punkt, und »punctum«, stechen – ist eine der ältesten Heilmethoden überhaupt. Das »Punktstechen« basiert auf der Vorstellung, dass die Lebensenergie, von den Chinesen Qi genannt, auf so genannten Meridianen zirkuliert: einem eng verknüpften Netzwerk von Leitbahnen, die durch den gesamten Körper ziehen. Durch Stimulation, Einstechen feiner Metallnadeln oder auch Fingerdruck an genau definierten Punkten auf den Meridianen kann der ungestörte Energiefluss gesichert oder wiederhergestellt werden – Ziel aller Heilmethoden der chinesischen Medizin. Denn ist der Energiefluss innerhalb eines Meridians gestört oder gar blockiert, kann er seine Aufgaben nicht mehr richtig erfüllen. Ein solches Ungleichgewicht eines Meridians kann zum einen Beschwerden des ihm zugeordneten Organs

verursachen. Zum anderen können Störungen in einem Meridian das ganze Körpersystem aus dem harmonischen Gleichgewicht und damit Gesundheit und Wohlbefinden in Gefahr bringen.
Auf das Stimulieren der Akupunkturpunkte reagiert das Gehirn mit dem Befehl zur vermehrten Ausschüttung von Nervenbotenstoffen. Allen voran Serotonin, Neuropeptide, die das Schmerzempfinden dämpfen, und Endorphine. Die körpereigenen Schmerzmittel vermindern die Weiterleitung von Schmerzimpulsen zum Gehirn. Deshalb wirkt das Punktstechen gerade bei Beschwerden wie Kopf- und Rückenschmerzen so hervorragend. Die Glücksstoffe, die dank Akupunktur vermehrt durch den Körper zirkulieren, lassen nicht nur das Stimmungsbarometer steigen. Sie beeinflussen auch unmittelbar das vegetative Nervensystem und entfalten dabei einiges an therapeutischer Wirkung: Die Muskeln entspannen sich, die Atmung wird ruhiger und das Herz schlägt langsamer.

Wie **Studien** belegt haben, helfen die Nadeln **nachhaltig** aus dem **seelischen Tief**.

Wie wirksam Akupunktur ist, beweisen die Ergebnisse zahlreicher Studien weltweit: Die kleinen Nadeln haben ein großes Spektrum an Einsatzgebieten. Die Weltgesundheitsorganisation erkennt inzwischen vierzig Indikationen an. Dazu gehören unter anderem chronische Schmerzen, Raucherentwöhnung und Allergien ebenso wie die Akutbehandlung von Migräne und Zahnschmerzen.

Fern aller belastenden Gedanken

Der Begriff »Meditation« kommt aus dem Lateinischen und bedeutet »Nachsinnen«. Das bewirkt auch eine körperliche Entspannung, ist aber nicht das eigentliche Ziel – im Unterschied zu Entspannungstechniken wie etwa Autogenem Training. Anliegen der Meditation ist vielmehr das »Loslösen« vom Körper, indem ein Zustand gedanklicher Leere angestrebt wird: jenseits des Denkens, mit reinem Bewusstsein, ohne Inhalt. Bis sich dieser Bewusstseinszustand einstellt, dauert es allerdings Monate. Um Reize von außen besser ausschalten zu können, wird bei vielen Meditationen mit einem so genannten Mantra gearbeitet. Ein Wort oder eine Silbe, die man sich innerlich vorsagt oder vorstellt und die das Bewusstsein ablenkt. Meditation stärkt das Selbstwertgefühl, fördert die innere Ruhe und Gelassenheit im Alltag. So können beispielsweise depressive Patienten durch Meditation aus ihrem Irrgarten negativer Gedanken herausfinden. Allerdings nur, wenn regelmäßig geübt wird – 30 Minuten täglich sollten es schon sein.

Qigong: balanciert die Körperenergie

Qigong ist eine der fünf Säulen der Traditionellen Chinesischen Medizin (TCM) und bedeutet so viel wie »Arbeit am Qi«. Ziel der Qigong-Übungen ist es, das Qi des Körpers nach innen zu richten, dort eventuelle Ungleichgewichte auszugleichen und Spannungen abzubauen. Darin unterscheidet sich Qigong vom Tai-Chi. Denn hier richtet sich die Aufmerksamkeit nicht nur nach innen, sondern auch auf einen imaginären Partner. Bei Stimmungstiefs kann Qigong erfolgreich eingesetzt werden, weil es hilft, in sich zu gehen und sich wieder besser wahrzunehmen.

Grundübung zur Einstimmung: Sammlung der Körperenergie

- Sie stehen aufrecht und entspannt. Verteilen Sie Ihr Gewicht gleichmäßig auf die schulterbreit auseinander gestellten Füße. Beugen Sie die Knie leicht durch, sodass Sie noch bequem stehen. Richten Sie die Wirbelsäule in einer geraden Linie auf, schieben Sie dazu das Becken nach vorne.
- Senken Sie das Kinn leicht in Richtung Brust, damit der Hinterkopf in gerader Verlängerung zum Rücken steht. Die Schultern sind entspannt und die Arme locker.
- Nun legen Sie Ihre Hände übereinander auf das »Untere Dantian«, den Bereich unterhalb des Bauchnabels. Hier liegt das Energiezentrum des Körpers. Bei Männern liegt die linke Hand am Körper, bei Frauen die rechte.
- Nun atmen Sie ruhig und gleichmäßig durch den Mund ein und durch die Nase wieder aus. Richten Sie jetzt Ihre Aufmerksamkeit auf den Fluss Ihres Atems und folgen Sie ihm. Sie werden bemerken, wie er in das Mittlere Dantian einströmt und Sie zur Ruhe kommen lässt. Genießen Sie für einige Minuten diesen Zustand der inneren Entspannung.

Tai-Chi: Yin und Yang im Einklang

Beim Tai-Chi steht die Bewegung im Vordergrund. Es wird auch als eine Art »Gymnastik« betrieben und manchmal auch mit Schwert, Stock oder Fächer ausgeübt.

Die Grundlage des Tai-Chi ist die daoistische Lehre von den universalen Kräften Yin und Yang, die als sich ergänzende Gegensätze die ganze Natur prägen. Um innere Ruhe und gedankliche Leere (Yin) zu erreichen, bedienten sich daoistische Mönche der bewussten Steuerung von Atem und Bewegung (Yang). Ihr Ziel war es, zu einer Harmonie von Körper, Geist und Seele zu gelangen, die Gesundheit zu erhalten und ein langes Leben zu erreichen. Daraus entwickelte sich das Tai-Chi.

Sowohl **Tai-Chi** wie **Qigong** sind hervorragende Möglichkeiten, sich **zu entspannen**, **Energie zu sammeln** und **zu sich zu finden** – allerdings gibt es ein paar Unterschiede.

Im Tai-Chi-Chuan lernt man seinen Körper zu entspannen, gleichzeitig werden Koordination, Reflexe und Gleichgewicht geschult. Im Mittelpunkt des Tai-Chi steht dabei die »Form«: ein Bewegungsablauf, bei dem nach und nach mehrere Bewegungen aneinander gereiht werden.

Tai-Chi zu erlernen erfordert Kontinuität und Disziplin. Allerdings bewirken die konzentrierten Bewegungsabläufe relativ schnell das Gefühl der Entspannung und veränderten Wahrnehmung des Körpers. Beim Tai-Chi wird eine tiefe Bauchatmung geübt, was sich positiv auf den Kreislauf auswirkt und die Konzentration stärkt. Die harmonischen Bewegungen haben eine beruhigende Wirkung auf das Nervensystem.

Grundübung zur Einstimmung

- Die Füße stehen in schulterbreitem Abstand voneinander, die Knie sind leicht gebeugt, Rücken und Kopf aufrecht, die Arme hängen locker an den Seiten.
- Strecken Sie sich beim Einatmen auf die Zehenspitzen, führen Sie die Arme in einem großen Bogen seitwärts über den Kopf und strecken Sie sie, so weit Sie können.
- Beim Ausatmen lassen Sie sie sinken und kommen dabei wieder auf die Fußsohlen zurück.

Denken Sie sich glücklich

»Unser Leben ist, wozu unser Denken es macht«, gab **Marc Aurel** seinen Zeitgenossen einst mit auf den Weg. Eine **Erkenntnis**, die über die **Jahrhunderte** hinweg nicht an Aktualität verloren hat. Denn mit Ihrer **Einstellung zum Leben** gestalten Sie es. Du bist, was du denkst. Unsere Gedanken erzeugen unsere **Realität**.

Die Kraft der positiven Gedanken

Was haben Sie in den letzten fünf Minuten gedacht? An etwas Schönes oder hatten Sie überwiegend Unangenehmes im Kopf? Trifft Letzteres zu, stehen Sie gerade im Risikobereich. Wie sich in Untersuchungen zeigte, setzen negative Gefühle wie Trauer, Wut oder Angst die Schlagkraft des Immunsystems herab und schwächen die körpereigenen Schutztruppen gegen freie Radikale.
Denn diese Empfindungen führen zur Ausschüttung von gesundheitsschädigenden Neuropeptiden sowie des Stresshormons Adrenalin. Nimmt der Adrenalinkick überhand, macht er nervös und noch anfälliger gegen erneuten Ärger.

»Nichts ist so schön wie eine Stirn, die heitere Gelassenheit ausstrahlt. Und nichts macht so hässlich, wie hässliche Gefühle.« *Japanisches Sprichwort*

Angenehme Gedanken und Zufriedenheit mobilisieren dagegen die Selbstheilungskräfte, stärken das Immunsystem und halten vital. Schöner Nebeneffekt: Optimisten bleiben nicht nur länger jung, sie sehen auch länger so aus.

Positives Denken heißt nicht, alle negativen Gefühle, Schwierigkeiten und Probleme zu verdrängen. Es soll vielmehr dazu führen, negative Denkmuster abzubauen. Bemühen Sie sich deshalb immer wieder, das Schöne in Ihrem Leben zu entdecken und auf der anderen Seite Negatives nicht überzubewerten. Nehmen Sie trüben Gedanken und pessimistischen Erwartungen den Raum und streichen Sie negative Glaubenssätze. Auch wenn man sich dazu zugegebenermaßen oft regelrecht zwingen muss. Doch eigene Prophezeiungen erfüllen sich meist tatsächlich. Die These von der »self fulfilling prophecy« ist keine Mär, sondern viel häufiger, als wir glauben, geschieht exakt das, was wir erwarten. Denn Gefühle einer bestimmten Situation oder Menschen gegenüber strahlen wir aus. Sie lassen sich förmlich an Gesicht und Verhalten ablesen. Dass die Umwelt entsprechend darauf reagiert, ist nur natürlich.

Negative Gedanken wälzen, sich ständig **Sorgen** machen, immer das Schlimmste befürchten – alles das zehrt am **Serotonin**. Greifen Sie ein, bevor sich **Ängste** und **Depressionen** entwickeln.

Was vorbei ist, ist vorbei

Sich längst vergangene Fehler immer wieder vorzuwerfen, ist nicht nur unproduktiv, sondern auch schädlich. Der Lauf der Dinge lässt sich nicht rückgängig machen: Vergangenes in die Gegenwart zu transportieren und damit zu hadern bringt nichts außer mieser Laune.

Das wissen Sie natürlich auch, aber irgendwie fallen Sie doch immer wieder diesen Grübeleien zum Opfer? Falls dem so ist, machen Sie es wie Scarlett O'Hara: »Ich werde morgen darüber nachdenken.« Setzen Sie eine bestimmte Zeit fest, in der Sie grübeln dürfen, so viel Sie wollen. Aber nach einer halben Stunde ist dann Schluss. Wenn die Gedanken am nächsten Tag wiederkommen, schieben Sie sie beiseite – ohne sich die Gedanken zu verbieten – und verlegen das Nachdenken darüber auf die Grübelzeit. Damit vermeiden Sie, dass die Gedanken Sie ständig runterziehen und Ihnen schlechte Laune machen.

Wenn Ärger partout nicht weichen will und die Gedanken blockiert, hilft es den Frust von der Seele und auf einen Zettel zu schreiben. Nochmal durchlesen, fest zerknüllen und dann in den Müll schmeißen.

Negative Denkmuster durch positive ersetzen

Einige Beispiele, wie Sie festgefahrene Denkmuster durchbrechen und positiver auf eine Situation reagieren können.

Negatives Denkmuster	Positive Variante
Das versuche ich erst gar nicht.	Ich versuche es einfach mal.
Das lerne ich doch nie.	Wenn es nicht klappt, ist es auch okay.
Immer mache ich alles falsch.	Jeder macht mal Fehler.
Es wird bestimmt ein langweiliger Abend.	Ich lasse den Abend einfach auf mich zukommen.
Das geht bestimmt schief.	Ich werde mein Bestes versuchen. Wenn es nicht klappt, ist es keine Katastrophe.
Der/die mag mich nicht.	Will ich wirklich Everybody's Darling sein? Ich mag ja auch nicht jeden.
Ich habe versagt.	Jedes Leben besteht aus Höhen und Tiefen. Durch die Tiefen habe ich viel Lebenserfahrung bekommen.
So ein Idiot!	Sein Verhalten hat nichts mit mir zu tun. Er hat eben keine Manieren. Das kann nicht mein Problem sein.

Lachen lässt Serotonin & Co. sprudeln

Ein Erwachsener lacht durchschnittlich fünfzehnmal am Tag, ein Kind dagegen mehrere hundert Male. Dazu wird heute auch weitaus weniger gelacht als noch in den 1950er- oder 1960er-Jahren. Das ist in vieler Hinsicht mehr als schade. Denn wem das Lachen vergangen ist, dem entgeht eine Menge. Unter anderem Kaskaden an Glücksboten. Die nämlich werden beim Lachen ausgeschüttet und sorgen dafür, dass es Ihnen noch geraume Zeit nach dem Lachanfall einfach gut geht. Und dass die Stresshormone erst einmal keine Chance haben.

Lachen ist Medizin

Dass sich ein heiteres Gemüt positiv auf die seelische und körperliche Gesundheit auswirkt, ist wenig erstaunlich und findet inzwischen auch seine wissenschaftliche Bestätigung. Es

- stärkt das Immunsystem: Lachen aktiviert einige Parameter des Immunsystems.
- lindert Schmerzen: Lachen führt zur Ausschüttung von Endorphinen, die als natürliche Schmerzmittel das Schmerzempfinden mindern.
- sorgt für eine höhere Sauerstoffzufuhr: Lachen steigert den Luftaustausch durch tieferes Einatmen und langes, ruckartiges Ausatmen.
- gibt der Verdauung einen Kick: Lachen ist Gymnastik für den Bauchbereich und den Verdauungsapparat. Es vermeidet Luftbildung und Verstopfung.
- bekämpft Stress: Lachen verlangsamt den Herzschlag, entspannt die Blutgefäße, vermindert den Blutdruck, öffnet die Bronchien und löst Muskelanspannungen.
- verbessert den Schlaf: Lachen bringt die Entspannung, die für das Einschlafen notwendig ist. Schlafstörungen nehmen spürbar ab.
- liefert ein Muskeltraining ohne Anstrengung: Lachen breitet sich wellenartig aus, durch die gesamte Muskulatur.
- erleichtert Kontakte: Lachen lindert Aggressionen, lässt Hürden fallen und regt die Kommunikation an.
- hilft Depressionen vorzubeugen: Lachen stimmt optimistisch und verringert Angst.
- ist das beste Lifting: Wenn es auch manche (Lach-)Falten begünstigt, so vermeidet es herabhängende Mundwinkel, wie auch die Bildung eines Doppelkinns.

Bringen Sie sich zum Lachen

Sie glauben, wenig zum Lachen zu haben oder es gar verlernt zu haben? Das lässt sich ändern. Besuchen Sie ein Lachseminar. In letzter Zeit besinnt man sich wieder auf das Lachen. Es gibt mittlerweile viele Lachklubs in Deutschland, es werden Lachseminare angeboten und Lach-Yoga-Kurse, sogar über die Volkshochschulen.

Adressen

Ross Gesundes Licht
Stahlwiete 16
Phoenixhof
22761 Hamburg
Tel. 040-44802930
www.ross-licht.de

Robert Koch Institut
Nordufer 20
13353 Berlin
Tel. 01888-754-0
www.rki.de

Deutsche Gesellschaft für Ernährung
Godesberger Allee 18
53175 Bonn
Tel. 0228-3776-600
www.dge.de

Lach Institut Berlin
Bismarckallee 14
14193 Berlin
Tel. 030-8927177
www.lachinstitut-berlin.de

Yogaschule München
Plinganserstr. 8
81337 München
Tel. 089-76773973
www.yogaschule-muenchen.de

Auf den folgenden Internetseiten finden Sie zahlreiche Informationen rund um die Themen, die in diesem Buch behandelt wurden.

www.abnehmen-mit-genuss.de
www.anonymemessies.de
www.bdy.de (Berufsverband der Yogalehrenden in Deutschland e.V.)
www.ddqt.de (Qigong und Tai-Chi)
www.farbenundleben.de
www.infozentrum-schoko.de
www.lean-and-healthy.de
(mit Kurzcheck zur Ernährung)
www.novafeel.de
(Ernährung, Fitness und Gesundheit)
www.schlaf.de
www.schlafmed.de
www.sonnen-portal.de
www.strunz.com
www.xx-well.com
(Online-Coach für Ernährung, Fitness und Diät)

Literatur

Bach, Edward: Heile dich selbst. Die geistige Grundlage der Original-Bach-Blütentherapie. Hugendubel, München 2000
Baum, Tanja: Die Kunst, freundlich Nein zu sagen. Ueberreuter, Frankfurt 2001
Dalla Via, Gudrun: Die Sonne genießen. Rowohlt, Reinbek bei Hamburg 1999
Decker-Voigt, Hans-Helmut; Weymann, Eckhard: Aus der Seele gespielt. Eine Einführung in die Musiktherapie. Goldmann, München 2000
Heepen, Günther H.: Schüßler-Salze. Gräfe und Unzer, München 2002
Münchhausen, Marco von: So zähmen Sie Ihren inneren Schweinehund. Piper, München 2004
Ostermeier-Sitkowski, Uschi: Jung bleiben mit Yoga. Knaur, München 2003
Peiffer, Vera: Positives Denken. Knaur, München 2003
Ritter, Thomas: Endlich aufgeräumt! Rowohlt, Reinbek bei Hamburg 2004
Römmler, Dr. Alexander: Die Anti-Aging-Sprechstunde. Compact, München 2002
Strunz, Dr. med. Ulrich: Das Leicht-Lauf-Programm. Rowohlt, Reinbek bei Hamburg 2006
Zulley, Jürgen: Mein Buch vom guten Schlaf. Zabert Sandmann, München 2005

Register

Bibliografische Information: Die Deutsche Bibliothek
Die Deutsche Bibliothek verzeichnet diese Publikation in der Deutschen Nationalbibliografie; detaillierte bibliografische Daten sind im Internet über http://dnb.ddb.de abrufbar.

Wichtiger Hinweis
Die im Buch veröffentlichten Ratschläge wurden mit größter Sorgfalt von Verfasserinnen und Verlag erarbeitet und geprüft. Eine Garantie kann jedoch nicht übernommen werden. Ebenso ist eine Haftung der Verfasserinnen bzw. des Verlages und seiner Beauftragten für Personen-, Sach- oder Vermögensschäden ausgeschlossen.

Projektleitung: Caroline Colsman
Redaktion: Birgit Frohn, Annette Gillich-Beltz
Bildnachweis:
Fotos: privat S. 6; StockFood/Ellert L. S. 4, 6/Dieter Heinemann S. 5, 36/ Misha Vetter S. 5, 90.
Umschlagkonzeption und Layout: Dorothee Griesbeck, Die Buchmacher, München
Herstellung und Satz: Veronika Preisler, München
Reproduktion: Repro Ludwig, Zell am See
Druck und Bindung: Offizin Andersen Nexö, Leipzig
Printed in Germany

ISBN-13: 978-3-426-64372-3
ISBN-10: 3-426-64372-3

5 4 3 2 1